Heinz G. Schmidt
Die Zigeuner kommen!

Heinz G. Schmidt

Die Zigeuner kommen!

Markus Reinhardt
entdeckt sein Volk

Picus Verlag Wien

Informationen über das aktuelle Programm
des Picus Verlags und Veranstaltungen unter
www.picus.at

Inhalt

Prolog:
Auf dem Weg nach Brüssel

Der Plan war alt, wie so vieles in unserer gemeinsamen Geschichte. Nachdem wir vor mehr als fünfzehn Jahren einen Film über die Zukunft der Zigeuner gemacht hatten, wollten wir jetzt endlich mehr über die Vergangenheit dieses Volkes wissen. Und eigentlich wollte ich gleich bis in die Berge des Pandschabs und nach Radschastan fahren, wo wir die Wiege der Zigeuner vermuten. Und von dort dann den Wegen und Irrwegen der Roma und Sinti folgen, quer durch Europa, bis in die weite Welt.

Mein Freund und Reisegefährte hatte wie immer seinen Geigenkasten dabei, als wir an einem schönen Herbstmorgen nach Brüssel aufbrachen. Markus Reinhardt ist Geiger und Jazzer und Sinto, also ein deutscher Zigeuner, noch dazu Nachfahre des legendären Django Reinhardt. Und er hat sein eigenes Ensemble in Köln, wo schon sein Großvater Musik gemacht hat und sein Vater, die beide, wie er selbst, in Köln geboren sind. Ursprünglich stammt die Familie Reinhardt wohl aus dem Elsass, und viele Verwandte wohnen noch immer »oben in Straßburg«, wie Markus zu sagen pflegt – in nachlässiger Verkennung von Süden und Norden. Aber Markus kann lesen und schreiben. Und er kann nach Noten spielen, was für einen Zigeunermusiker durchaus nicht üblich ist.

In unserem Film, den wir »Markus' Traum« genannt hatten, waren wir durch Deutschland und die Niederlande gefahren, durch Belgien und Frankreich, nach Irland und Nordirland, schließlich nach Ungarn, dem Land der Träume aller Sinti, die ich bis dahin kennen gelernt hatte. Wir hatten nach den Überlebensmodellen der ursprünglichen Nomaden gesucht, der

9

Sinti, der Roma, der Travellers, Gitanos, Tziganes, Manoush und Kalderasch – all derer, die man gemeinhin »Zigeuner« nennt. Und das in einer Zeit, in der man eine Adresse vorweisen muss und ein Bankkonto und eine Schule für die Kinder, um überhaupt leben zu dürfen.

»Sie wollen uns alle erfassen«, war der Satz gewesen, mit dem Markus die Verwaltung des zivilisierten Lebens charakterisierte, und nicht ohne Hintergedanken hatte er die Terminologie der Nazis benutzt, deren Erfassung weiter ging als die jeder Verwaltung zuvor.

Es hatte sich bestätigt auf jener mehr als drei Monate währenden Reise in einem alten Mercedes und mit einem runden, buckeligen Caravan: Sie waren schon alle erfasst. Die Travellers in Dublin genau so wie die Tziganes im Osten Ungarns, und überall hatte diese Erfassung den Lebensraum und die Lebensmöglichkeiten der Zigeuner eingeschränkt.

Umso sehnsüchtiger wollten wir in die Vergangenheit, und nachdem die Filmpläne an der verwalteten Fernsehwelt gescheitert waren, versteifte ich mich auf eine Radio-Serie für den Westdeutschen Rundfunk, der in seinem fünften Programm hin und wieder auch Risiken eingeht. Und manchmal sogar bereit ist, dafür Geld auszugeben. Aber unsere Reise in die Vergangenheit drohte teurer zu werden als selbst das großzügige fünfte Programm bereit war zu zahlen, schließlich konnten wir nicht ein Jahr lang einfach mit einem Wohnwagen durch den Süden und Osten und Westen Europas ziehen und irgendwo am Straßenrand wohnen. Und so fuhren wir also zuerst einmal nach Brüssel.

Die Europäische Kommission hatte vor Jahren eine Kampagne zum Thema »Gleichheit in der Vielfalt« gestartet, wie so oft kaum beachtet von der breiten Öffentlichkeit, gerichtet auf die vielen Kulturen Europas und der Nachbarstaaten, vor allem, nachdem die osteuropäischen Staaten in die Europäische Union aufgenommen worden waren. Und wir waren fest davon überzeugt, dass wir dazu mit unserer Radio-Serie über die

Geschichte der Zigeuner einen hervorragenden Beitrag leisten könnten, für den die Kommission sicher einen Zuschuss zu zahlen bereit wäre.

An jenem sonnigen Herbstmorgen war irgendwo in der Nähe von Heerlen die Autobahn gesperrt, und in der Umleitung verfuhr ich mich, weil wir so intensiv über das Konzept der Gleichheit in der Vielfalt diskutierten, dass ich nicht wirklich auf den Weg achten konnte. Denn irgendwie schien mir das Stichwort auch auf die Welt der Zigeuner zu passen, auf die Gleichheit der gemeinsamen Geschichte und die Vielfalt der Stämme und Familien, die in aller Welt verstreut leben, und die auch alle eigene Namen tragen, wobei einige darauf Wert legen, eben nicht Zigeuner genannt zu werden. Immerhin waren wir noch in Holland, was ich an den Straßenschildern sehen konnte. Unser Projekt war inzwischen von allen abgelehnt worden, die überhaupt hätten Geld dazu geben können, und Brüssel war tatsächlich unsere letzte Hoffnung.

Markus bewundert mich manchmal, weil ich so lange brauche, bis ich wirklich die Flinte ins Korn werfe, wie man so sagt. Aber in Wirklichkeit bin ich einfach dickköpfig und immer wieder überzeugt davon, dass meine Gesprächspartner nicht sehen, was ich längst begriffen habe. Und die Geschichte der Zigeuner, erzählt vor dem Hintergrund der vielen Zigeunerstämme und Familien überall in Europa, noch dazu in Begleitung eines Sinto, der einen Namen hat nicht nur in meinem Land – das war ein lohnendes Projekt. Und das wollte ich nicht aufgeben, bis zuletzt.

Als wir schließlich irgendwo an der Maas in einem Café in der Sonne saßen und auf den Fluss blickten, fiel mir Hannes Weiß ein, ein alter Onkel von Markus, der hier in Holland lebt und der mir vor Jahren die Geschichte der Zigeuner in wenigen Sätzen zusammengefasst hat.

»Wir waren ja früher in Holland, und da war ich auf die Schule, und da gingen die Leute uns ausschimpfen für Zigeuner: Zick, Zack, Zigeunerpack, du schwarzer Zigeuner! Und

11

da sagte meine Mutter immer: Mein Sohn, zieh dich davon nichts von an. Keins von meine Kinderen muss sich da was anziehen.«

Eigentlich spricht Hannes, der einen umfangreichen grauweißen Bart hat und meistens einen breitkrempigen Hut trägt, den er beim Sprechen in den Nacken schiebt, Romanes, also – wie Markus sagen würde – die Sprache der Zigeuner. Oder aber Holländisch, die Sprache des Landes, in dem er lebt. Hannes schob also den Hut in den Nacken und fuhr in seinem ungewohnten und etwas komplizierten Deutsch fort.

»Der liebe Gott, der hat Menschen gemacht, und den ersten hat er gemacht von Lehm, und hat er in den Ofen getan und ist zu schwarz geworden, ist verbrannt. Das waren die Neger. Dann hat er welche gemacht, die hatten Schlitzaugen. Das waren die Chinesen. Und dann hat er welche gemacht, und die hat er zu schnell rausgenommen: das war der weiße Mann. Und dann hat er gesagt: Und jetzt will ich der Schönste machen, der ich kann. Hat er sich viel Mühe gemacht, hat er den reingetan und hat er den rausgenommen, und der hatte schönes schwarzes Haar, schöne schwarze Augen, ein schönes Gesicht: Und das bist du!«

Und dabei hatte er mit seinem riesigen Zeigefinger in die Richtung von Markus gepiekst, der neben mir und dem Kameramann auf dem Boden saß, obwohl man das als Zigeuner eigentlich nicht tut. Aber neben der Kamera wäre sonst in Hannes' Wohnwagen kein Platz für Stühle oder Sessel gewesen.

Wir bestellten noch ein Bier. Hannes' Geschichte, so schön sie ja war, reichte nicht, um von der Herkunft der Zigeuner zu erzählen. Solche Legenden gibt es in genau so schönen Versionen von den Maya in Guatemala und von den Indianern in den Reservaten der USA. Inzwischen war es früher Nachmittag geworden, und wir bestellten ein paar Toasts und Bitterballen dazu. Das mit Brüssel würde heute nichts mehr werden. Also nahmen wir uns noch ein paar Stunden frei, und als wir am frühen Abend heimfuhren nach Deutschland, stand das neue Konzept.

Wir warteten noch das Frühjahr ab, aber dann ging es auch schon auf Tour, oder »auf Reise«, wie die deutschen Zigeuner sagen. Natürlich hatten wir in Brüssel – nach einem erneuten Anlauf – niemanden gefunden, der Geld in unser Projekt stecken wollte. Also wurde nach altem Brauch erst einmal das Konzept abgespeckt. Der Pandschab und Radschastan flogen, weil zu weit und zu umständlich und zu teuer, raus. Und den Rest gedachten wir mit Billigfliegern und einfachen Pensionen schon irgendwie hinzubekommen. Und in einzelnen Ländern wie Holland, Irland und England waren wir ja bereits auf früheren Reisen gewesen.

Dass wir es tatsächlich geschafft haben, lag vielleicht an Markus und an seinem Geigenkasten, den er unterwegs immer wieder auspacken musste. Oder eben daran, dass ich von Hause aus dickköpfig bin.

Vierzehn Länder haben wir bereist, mit Hunderten von Zigeunern aller möglichen Familien und Sippen und Stämme gesprochen (manchmal in abenteuerlichen Sprachkombinationen: In der Türkei an der Grenze zu Bulgarien hatten wir als Übersetzer einen jungen Türken, der Französisch studierte, und dessen umständliche Wortsuche nicht mit dem Stakkato des türkischen Zigeunerführers Schritt hielt, was zur Folge hatte, dass auch Markus meine deutschen Übersetzungen zum Teil erst am Abend im Hotelzimmer geliefert bekam), und mit Dutzenden von Musikern hat sich Markus auf seine Art mit der Geige verständigt.

Und am Ende ist eine Radio-Serie für den Westdeutschen Rundfunk und im Südwestrundfunk im Frühjahr 2007 herausgekommen, die den schönen Titel trug: »Die Zigeuner kommen!«

Weil aber die Sicht meines Freundes und Begleiters in der Radio-Serie notgedrungen zu kurz kommen musste, hielt ich mich für verpflichtet, dieses Buch zu schreiben, dessen Text übrigens sorgfältig von Markus gegengelesen wurde: »Die Zigeuner kommen! Markus Reinhardt entdeckt sein Volk.« Denn genau darauf lief es schließlich hinaus: auf eine Entdeckungsreise.

Pandschab:
Ein Volk bricht auf

Wahrscheinlich waren sie schon immer auf der Flucht, von Anfang an. Wahrscheinlich flohen sie aus Nordindien vor ihrem Schicksal, als unterste indische Kaste zur ewigen Wanderung bestimmt zu sein. Wahrscheinlich flohen sie aus den Bergen und durch die Wüsten des Pandschab, aus Radschastan wahrscheinlich, und über den Fluss Sind, der heute Indus heißt. Vielleicht folgten sie dem weit verzweigten Netz der Seidenstraßen, die von China bis Palmyra führten, zogen über Kabul nach Baktra, wandten sich dann nach Westen entlang der persischen Königsstraße bis ins Zweistromland.

Aber weder die Chronisten des großen Alexander, der schon mehr als dreihundert Jahre vor Christi Geburt den Indus überschritt, noch die Schreiber an den indischen Kaiserhöfen fanden sie einer Erwähnung wert. Weder in der Arthaschastra kommen sie vor, einem der frühesten Lehrbücher der Staatskunst, noch im Neuen Testament der Bibel, dem Buch der Christen, das dreihundert Jahre später verfasst wird. Aber dann findet sich plötzlich ihre Spur in einem der Königsbücher Persiens, verfasst von Abu'l-Qasem Mansur, der unter dem Namen Firdausi berühmt wurde und von 941 bis 1021 lebte.

»Gegen das Jahr 420 unserer Zeitrechnung bemerkte Bahram-Gor, ein weiser, mildtätiger Fürst aus der Dynastie der Sassaniden, dass seine armen Untertanen aus Mangel an Vergnügungen zugrunde gingen. Er suchte nach einem Ausweg, um sie zu ermuntern und sie von den Mühen des Lebens abzulenken. Zu diesem Zweck sandte er eine Botschaft an Shankal, König von Kambodscha und Maharadscha von Indien. Er ließ ihn bitten, unter seinen Untertanen Leute auszuwählen und ihm nach Persien zu schicken, die imstande wären, die Bürde des Daseins durch ihre Künste zu erleichtern und die Eintönigkeit der Arbeit zu mildern. Bald darauf erhielt Bahram-Gor zwölftausend Jongleure und Spielleute, Männer und Frauen. Er wies ihnen Land zu und versorgte sie mit Getreide und Vieh, damit sie ihr Auskommen hätten und sein Volk unentgeltlich belustigen könnten. Als das erste Jahr zu Ende ging, hatten diese Leute ihre Landwirtschaft vernachlässigt und das Saatgetreide verbraucht, und so hatten sie nichts mehr, um ihren Lebensunterhalt zu bestreiten. Erzürnt befahl ihnen Bahram, mit ihren Eseln und Musikinstrumenten über Land zu wandern und ihr Leben durch Musizieren zu verdienen. Und so ziehen diese Menschen jetzt durch die Welt, um jemanden zu finden, der sie braucht.«

So weit der Dichter Firdausi. Denn nur die Dichter und Chronisten bei Hofe schrieben zu jener Zeit Geschichte nieder, und sie taten es zur Ehre und zum Ruhme der Herrscher und Feldherren, ohne sich wirklich um die Fakten groß zu kümmern. Und die fliehenden Zigeuner, die durch die Täler und über die Berge Vorderasiens wanderten, waren nur interessant im Zusammenhang mit dem weisen und mildtätigen Sassaniden-Fürst und seinem Königs-Kollegen von Indien. Aber auch ein grausamer Pogrom geschah in jener Zeit, der einen Exodus großen Ausmaßes auslöste.

In einem dreijährigen Krieg werden das Hindus-Tal und damit die Provinz Sindh vom arabischen Kommandanten des Umayyad-Heeres, Muhammad ben al-Kasim al-Thakafi unterworfen und vollständig verwüstet. Thakafi ist Heerführer unter dem irakischen Herrscher al-Hadjdjadj, im Kalifat des al-Walid I. ben 'Abd al-Malik. Der Zigeunerstamm der Dom wird hingemetzelt, die Überlebenden fliehen nach Westen.

Selbst diese arabischen Heerführer und Herrscher, die im heutigen Pandschab solch grauenhafte Verwüstungen anrichteten und sich dann wieder zurückzogen auf die Wüstenhalbinsel, erwähnten in ihren Aufzeichnungen mit keinem Wort dieses Volk, das ihnen später gut zur Hand gehen sollte. Die Zigeuner waren tüchtige Metallwerker, die Rüstungen und Waffen reparieren konnten, die sich auf Pferde verstanden und die auch ansonsten gleichmütig den Eroberungszügen gefolgt sein müssen – wofür sie erst viel später belohnt wurden.

Jedenfalls erreichten sie auf ihrer Flucht zwischen dem fünften und dem siebten Jahrhundert Afghanistan und Persien, und im Jahre 855 werden die ersten Roma im Byzantinischen Reich erwähnt.

Aber dies war wohl nur die erste Flucht der Zigeuner aus ihrer Heimat, fünf Jahrhunderte des Exodus sollten folgen. Im 13. Jahrhundert dringen die Horden des Dschingis Khan nach Zentralasien vor, töten neben vielen anderen Menschen auch eine große Zahl der Zigeuner, die nicht ausgewandert sind, und treiben den Rest vor sich her nach Westen. Kein Wort findet sich darüber in ihren Kriegsaufzeichnungen.

Zur selben Zeit wird ein Mann in diesem Teil der Welt geboren, der die Zigeuner ebenfalls gekannt haben muss. Mevlana Djelaleddin Rumi kommt am 30. September 1207 in Balkh zur Welt und flieht dann, wie die Zigeuner, mit seiner Familie vor den Mongolen aus Balkh ins damalige Ikonion, eine Stadt, die heute Konya heißt und im Zentrum Anatoliens liegt.

Mevlana gilt als Dichter der Liebe: »Entzünde das Feuer der Liebe in deiner Seele. Reiß die Gedanken und Vorstellungen deiner Vernunft heraus mit den Wurzeln! Diejenigen, die darauf achten, was sich gehört, sind die einen. Die anderen sind die voller Liebe, die vor Begeisterung brennen.«

Und Mevlana gilt als der Philosoph der Sema. So heißt der wilde, ekstatische Tanz der wirbelnden Derwische – und Sema war ein Teil der Trance, die Mevlana Quelle der Inspiration nannte. Heute gehört Sema zur türkischen Tradition, zum Glauben und zur Kultur.

Dabei bedeutet Sema eigentlich »mystische Reise des Geistes durch Gedanken und Liebe zur Vollkommenheit«. Man dreht sich der Wahrheit entgegen, wächst dabei durch Liebe, verlässt sein Ego, findet die Wahrheit und erreicht die Vollkommenheit. Dann kehrt man von der geistigen Reise zurück und ist ein Mann, der Reife erlangt hat und der nun die ganze Schöpfung lieben und ihr dienen kann, ohne Unterschied des Glaubens, der Rassen, der Klassen oder Nationen. So jedenfalls hat das Mevlana beschrieben.

»Nicht Christ oder Jude oder Moslem, Sufi oder Zen. Keine Religion … Nur dieser Atemzug, den der Mensch macht.« Schreibt Mevlana.

Mevlana gilt als Gründer des Mevlevi Sufi Ordens, einer mystischen Bruderschaft im Islam. Die Familie des Mevlana Rumi, seine Nachfahren also, gibt es übrigens heute noch. Sie gehört zu den ältesten Familien der Welt, über achthundert Jahre lässt sie sich zurückverfolgen – bis zu Mevlanas Urgroßvater Ahmed-i Hativbi, der im 12. Jahrhundert lebte. Mevlana Djelaleddin Rumi, der Philosoph der Sema, stirbt am 17. Dezember 1273 in Konya, wo heute ein Museum an ihn erinnert. Aber auch bei ihm findet sich kein Wort über die Zigeuner.

Als Rumi stirbt, sind die Roma, wie sie sich jetzt nennen, bereits seit mehr als vierhundert Jahren Bürger von Byzanz, und vorläufig genießen sie den Schutz der oströmischen Kaiser. Offensichtlich sprechen sie auch weiterhin ihre Sprache, das Romani oder Romanes, wenn sich auch neue Wörter und Wendungen einschleichen – aus dem Farsi, der Sprache Persiens, und aus dem Arabischen. Sie nennen sich Roma und Sinti, das sagen jedenfalls die Sprachforscher, aber bald trennen sich die Familien, und ein Stamm – der sich Dom nennt und aus den wenigen Überlebenden des Stammes besteht, der von Heerführer Thakafi grausam hingemetzelt worden war – siedelt im Südosten der heutigen Türkei.

Und da leben sie heute noch. Die meisten sind Musiker, und viele von ihnen machen eben die Musik mit Trommel und Schalmei, die nötig ist, um die Derwische in Trance zu versetzen. Sie nennen sich selbst Künstler, und sie arbeiten, wenn sie nicht bei Sufi-Riten spielen, in Restaurants und Hotels, für Touristen und zu festlichen Anlässen. Trommler und Flötisten machen eine sehr rhythmische, monotone und fast sprechende Musik auf großen Festen, vor allem bei Hochzeiten, und sie organisieren alle Arten von Festlichkeiten. Manche arbeiten auch in der Landwirtschaft, aber das ist nur während der Saison möglich. Dabei verdingen sie sich bei den Kurden genauso wie bei anderen Türken, die in Südostanatolien leben.

In Diyarbakir treffen wir den Trommler Ali, der seinen vollen Namen nicht nennen will, weil Diyarbakir auch ein Zentrum des organisierten Widerstands und des unorganisierten Schmuggels ist. Ali ist neununddreißig Jahre alt und hat zehn Kinder. Er ist ein Dom-Zigeuner. Über die Herkunft seiner Musik weiß er nichts, sagt aber, dass er das Trommeln von seinem Großvater gelernt habe und der wiederum von dessen Großvater. Jetzt lernen drei seiner Söhne trommeln. Und er fügt hinzu: »Wir haben die Musik jedenfalls nicht von Fremden gelernt, weder von den Türken noch von den Kurden.«

Die Kurden treffen wir später im Innenhof des Kulturhauses, wo sie einander beim Denbej lange und klagende Gesänge über die Vergangenheit und Gegenwart ihres Volkes vortragen, junge Männer wie der vierzigjährige Halim Uruç und alte wie Xalti Gerzi, der einundsiebzig Jahre alt ist. Sie halten sich für die letzte Generation derer, die noch Denbej-Lieder singen. »Unsere Gesänge sterben aus«, sagt der alte Xalti.

Dabei gilt für die kurdische Musik beinahe dasselbe wie für die Musik der Dom-Zigeuner: In ihren Denbej-Gesängen halten die Kurden, die genau wie die Zigeuner keine Geschichtsschreibung kennen, die Geschichte ihres Volkes fest und überliefern sie den nachfolgenden Generationen.

Das Zusammenleben der Kurden mit den Dom-Zigeunern in diesem Teil der Türkei treibt seltsame Blüten, so verschieden die beiden Völker auch sind. Obwohl beispielsweise ein ganzer Stadtteil von Diyarbakir fast ausschließlich von Zigeunern bewohnt ist, war sich der stellvertretende Bürgermeister der

19

Stadt, Ilhan Diken, bisher nicht im Klaren darüber, dass viele tausend Dom in seiner Region leben. Und von Diskriminierung und Ausgrenzung ist ihm, der selbst Kurde ist, nichts bekannt. »Nach der Verfassung der Türkei gibt es keine Minderheiten, und ich möchte auch als Kurde nicht als Angehöriger einer Minderheit bezeichnet werden.« Das türkische Volk bestehe aus vielen Farben, die alle das bunte Volk der Türken prägten – so seine Vorstellung der türkischen Nation. Ein Vielvölkerstaat eben, wie er von Gazi Mustafa Kemal »Atatürk«, dem Vater der Nation, geschaffen wurde.

Wer in der Türkei dennoch nach den Zigeunern fragt, der wird in Istanbul meist in die Viertel Ayvansaray, Haliç und Aksaray verwiesen, wo bis vor kurzem die meisten Zigeuner lebten. Dann baute man dort eine Autobahn, und viele Häuser und Hütten wurden niedergerissen. Die meisten Menschen zogen weiter in die Viertel von Nesliişa und Sulukule. Jetzt soll inzwischen auch die größte Siedlung, Sulukule, einem Großprojekt weichen.

Aber überall in der Türkei leben Zigeuner, auch wenn das die türkische Regierung nicht so offen eingestehen mag. Als ethnische Minderheit werden sie jedenfalls nicht betrachtet, und sie erfahren auch keine besondere politische Förderung, da hat man offensichtlich mit den Kurden genug zu tun, deren Kampf um ihre Rechte auch besonders aus dem Ausland beachtet wird. Die Zigeuner kämpfen nicht.

Und so sprechen die wenigsten vom Süden und Südosten der Türkei, dort, wo eben auch die Kurden leben, an den Grenzen zu Syrien und zum Irak. Und wo ein nicht erklärter Bürgerkrieg herrscht, der Krieg zwischen der kurdischen Guerilla und der Armee der Türkei, und zu allem Überfluss auch noch der Krieg zwischen den Völkern des Irak und der »Koalition der Willigen«, die nicht müde werden, das Land »Hort des Bösen« und ihren Krieg einen »Befreiungskrieg« zu nennen. Hier, diesseits und jenseits der Grenzen der Türkei, im so genannten Kurdistan, leben wahrscheinlich mehr als anderthalb

Millionen Zigeuner – über alle Grenzen hinweg, zwischen den verschiedenen Fronten, aber vor allem: völlig unbeachtet von der Weltöffentlichkeit.

Als wir meinen Freund Özhan Önder treffen, der viel Zeit bei den Dom in der Gegend um Mardin und Nusaybin an der syrischen Grenze verbracht hat, erzählt er uns, was das Problem dieser Zigeuner im äußersten Südosten des Landes ist: Einerseits fühlen sie sich als Minderheit und eigentlich nicht als Türken. Andererseits müssen sie irgendwohin gehören, wenn sie ihre Kinder in die Schule schicken und eine medizinische Grundversorgung haben wollen.

»Sie akzeptieren, dass sie Bürger dieses Landes sind«, sagt Özhan. »Und da wollen sie wenigstens auch die wichtigsten Sicherheiten: dass ihre Kinder in die Schule gehen können, dass sie ärztliche Hilfe bekommen, wenn sie krank sind. Aber sie wollen eben nicht, dass man ihnen Unrecht tut, nur weil sie Zigeuner sind.«

Dann kommt Özhan auf die Vorurteile zu sprechen, die ganz grundsätzlich überall in der Türkei gegen die Roma bestehen.

»Die Gadsche, also die Menschen, die keine Zigeuner sind, und damit die türkische Mehrheit im Westen des Landes und die kurdische Mehrheit im Süden und Südosten, haben beide tiefe Vorurteile gegenüber diesen Roma-Gemeinschaften. Deshalb erklären die Zigeuner auch immer wieder, wenn es wieder einmal gefährlich wird, dass sie eigentlich Teil der Mehrheit seien. Und dass sie die Werte der Mehrheit auch für sich akzeptieren. Und so hoffen sie, dass die Konflikte an ihnen vorübergehen.«

Aber Konflikte sind sozusagen eingebaut.

»Im Südosten habe ich das nicht so sehr beobachten können«, sagt Özhan. »Sie leben zusammen in denselben Dörfern, und die Zigeuner passen sich den Kurden an, sprechen zumeist auch Kurdisch. Im Westen dagegen gibt es Konflikte zwischen den dort lebenden Zigeunern und zugereisten Kurdengemeinschaften, die aus dem Kurdengebiet geflohen sind.

Da sehe ich die Gefahr. Beide Gemeinschaften werden unterdrückt, und beide kämpfen um ihre Existenz. Aber manchmal zerbricht diese Gemeinsamkeit, und dann werden untereinander Kämpfe ausgetragen, die ich durchaus für gefährlich halte.«

Wie groß die Konflikte sogar unter den verschiedenen Zigeunerfamilien sein können, haben wir dann später im Westen der Türkei und im Norden gesehen. Jedenfalls sind viele Zigeunerfamilien, die nicht in Kurdistan bleiben wollten, weiter nach Norden gezogen.

Zum Beispiel nach Çanakkale, auf das asiatische Ufer der Dardanellen. Und nach Edirne, an der Grenze zu Bulgarien, also in den europäischen Teil.

Çanakkale:
Die Zigeuner auf dem Müllplatz

Natürlich sind die Zigeuner damals, vor mehr als tausend Jahren, nicht von der europäischen Seite aus nach Çanakkale gekommen, wie wir jetzt mit unserem Bus, der uns von Istanbul über lange und staubige Landstraßen am Marmarameer entlang bis ganz in den europäischen Westen der Türkei bringt.

Çanakkale liegt in Asien, genauer gesagt: an der Meerenge der Dardanellen, die so vielen Feldherren der Vergangenheit zum Schicksal geworden ist. Es ist sehr viel wahrscheinlicher, dass die Zigeuner damals an Troja vorbeigezogen sind, das nur eine Tagesreise südlich der Dardanellen liegt, um nach Çanakkale zu kommen, wo sie Sultan Mehmet helfen sollten. Aber wir greifen vor.

Der Überlandbus braucht sechs Stunden von Istanbul aus, und die meiste Zeit sehen wir das Blau des Marmarameers, bis endlich – immer noch auf europäischer Seite – die Hafenstadt Gelibolu auftaucht. Eine Stunde später kommt die Fähre in Sicht, die uns von Europa nach Asien übersetzt, mitten in die Stadt Çanakkale.

Jetzt legt Markus Reinhardt, mein Freund und Reisebegleiter, einmal die Noten beiseite, die er seit unserer Abfahrt von Istanbul gelesen hat, Übungen für Geige, die er studiert wie ein Wissenschaftler seine Tabellen und Schaubilder, ganz versunken und abwesend, weder die Landschaft noch die Städte mit ihren Menschen beachtend, die unablässig an uns vorbeiziehen. Vielleicht kann man sich so vor dem allzu Neuen, allzu Fremden schützen; denn natürlich ist Markus noch nie in diesem Teil der Welt gewesen, und alles rundum ist neu für ihn – wie für mich.

Aber während ich hungrig um mich blicke und Gesichter studiere und Schilder lese, lässt er das Fremde unbeachtet an sich vorüberziehen. Man könnte meinen, er will es erst gar nicht an sich heranlassen.

An der Fähre erwartet uns Özhan Önder, der Freund und Sozialarbeiter, der in Istanbul arbeitet und auch viel über den Südosten der Türkei weiß, und der für die Europäische Union eine Studie über die Situation der Zigeuner geliefert hat. Zur Zeit arbeitet er in Çanakkale, und er will uns helfen, Kontakte zu knüpfen – vor allem mit Musikern, das jedenfalls hat sich Markus sehnlichst gewünscht.

Einen dieser Musiker hat Özhan gleich mitgebracht, und nun stehen sie nebeneinander an der Anlegestelle: Ali Osman, ein kleiner Zigeunerjunge in langen Hosen, wie ich auf den ersten Blick sagen würde, mit einem strahlenden Lächeln und weit ausgebreiteten Armen: Merhaba! Willkommen! Und damit erschöpfen sich auch schon unsere Sprachkenntnisse, denn Ali spricht nur Türkisch. Wir sind also auf die englischen Übersetzungen von Özhan angewiesen, der uns auch sogleich erklärt, dass Ali, der wie ein Halbwüchsiger aussieht und auch erst neunzehn Jahre alt ist, tatsächlich schon drei Kinder hat und Klarinettist in einer Band ist, die am Wochenende in einem Restaurant gleich in der Nähe des Hafens spielt.

Die Hitze ist fast unerträglich. Wir sind mit Ali und Özhan in die Altstadt gegangen, nicht weit vom Hafen, neben der Burg, die auf der asiatischen Seite die Dardanellen bewacht. Auf der gegenüberliegenden Seite duckt sich das Gegenstück in die Hügel über der Meerenge. So konnte Sultan Mehmet II. verhindern, dass sich Feinde der Stadt näherten, die damals noch Konstantinopel hieß und später unter dem Namen Istanbul Hauptstadt des Osmanischen Reiches werden sollte.

Staub wirbelt auf, als ein Moped an uns vorbeifährt. Die Kinder des Zigeunerviertels von Çanakkale sitzen mir im Nacken. Ich habe mich mit dem alten Hüsseyin an den Rand einer der kleinen Straßen gesetzt, die durch das Stadtviertel Ferzipasha Mahallesi führen. Der weißhaarige Hüsseyin hat uns von seinem Platz auf dem Bordstein amüsiert beobachtet und macht uns nun ein Zeichen, dass er bereit sei, mit uns zu sprechen. Und unser Freund Özhan hockt sich sofort neben ihn, um zu übersetzen. Markus steht daneben, ein Sinto setzt sich nicht auf den Boden. Außerdem findet er die Aufdringlichkeit der Kinder ärgerlich. »Werden sie hier nicht von den Erwachsenen erzogen?«, fragt er einigermaßen genervt.

Statt die Kinder zurechtzuweisen, erzählt Hüsseyin von der Gründung der Stadt. Angeblich soll Mehmet II. damals im Jahr 1450 ein paar hundert Zigeuner gerufen haben, die diese Burg für ihn errichten sollten, und später haben sie dann hier im Schatten der Burg ihre bescheidenen Häuser gebaut und sind geblieben.

»Sultan Mehmet hat die Roma nicht ausgewählt, um die Festung zu bauen, weil sie Zigeuner sind.« Hüsseyin wehrt nun doch die Kinder ab, die versuchen, sich auf meine Schultern zu setzen. »Aber wir waren auch damals schon arm, und der Sultan hat auch die Eroberung Konstantinopels nur mit den Armen geschafft. Weil wir Armen eben besonders tapfer sind.«

Aber die Zigeuner, die Roma, hatten auch besondere Aufgaben zu jener Zeit, wenigstens jene, die sich dem Militär angedient hatten: Sie reparierten Waffen und Rüstungen, kümmerten sich um die Pferde und verrichteten andere Dienste in der Osmanischen Armee. Dafür erließ ihnen der Sultan einen Teil der Steuern, und wenn sie sich dann auch noch entschlossen, Moslems zu werden, wurde ihnen ein weiterer Teil der Steuern erlassen. Fast alle Roma, die damals noch traditionell Christen waren, bekehrten sich daraufhin zum Islam.

»Wie viele Kinder habt ihr?«, frage ich Hüsseyin, der mit seinen weißen Haaren und dem grauweißen Bart so alt aussieht wie ein Prophet aus der Zeit des Sultans, aber gerade erst sechzig geworden ist.

»Ich habe zwei Kinder. Ich bin arm«, sagt Hüsseyin, »also

habe ich mich schon vor dreißig Jahren sterilisieren lassen. Und habe also seit dreißig Jahren auch keine Kinder mehr gemacht. Wenn ich mehr als zwei gehabt hätte, hätte ich sie nicht ernähren können.«

Markus fragt ihn, ob er Romanes spricht, also Romani, wie die Sprache der Zigeuner in der Türkei genannt wird. Aber Hüsseyin schüttelt den Kopf. »Mein Großvater konnte noch ein paar Worte. Aber wir sind ja längst Türken, türkische Roma. Wir wohnen in der Stadt.«

Und die Kinder, die wir endlich mehr oder weniger gebändigt haben, wissen nicht einmal, was der Unterschied zwischen einem Zigeuner und einem anderen Menschen ist, der nicht Zigeuner ist.

»Unterschied? Zwischen dir und mir?« Sie könnten sich ausschütten vor Lachen. »Du bist Deutscher!«, rufen sie dann alle durcheinander. »Und wir sind Türken!« So einfach kann das sein.

Markus ist entsetzt. Nicht nur von der Disziplinlosigkeit der Kinder, die von keinem Erwachsenen zur Ordnung gerufen werden, die herumtoben und uns belästigen, und die auch dem alten Hüsseyin keinen Respekt erweisen.

»Das wundert mich nicht, dass sie ihre Sitten nicht mehr kennen! Wenn sie auch schon kein Romanes mehr sprechen! Und keinen Respekt haben vor den Alten! Nicht einmal Zigeuner wollen sie sein!«

Aber die größte Überraschung steht uns ja noch bevor.

»Außerdem sind wir Roma, keine Zigeuner«, schreit ein kleiner Junge dazwischen. »Die Zigeuner, das sind die Hergelaufenen, die kein Haus haben und vor der Stadt im Staub der Wüste leben, in Blechhütten und Holzschuppen, mitten zwischen Müll.«

Wir fahren also hinaus aus der Stadt, zum Müllplatz, zu den Çingene, wie die Zigeuner verächtlich auf Türkisch genannt werden. Und zwar auch von den Roma ihres eigenen Volkes, den Zigeunern, die in der Stadt sesshaft geworden sind.

26

Der Prophet Hüsseyin steht mit Pferd und Leiterwagen vor unserer Pension, als wir am nächsten Morgen aufbrechen wollen, und zockelt mit uns quer durch die ganze Stadt. Wir sitzen auf der Ladefläche und wagen es nicht, Fotos zu machen. Was die Leute denken? Markus lacht: »Die denken, da werden zwei Europäer von den Zigeunern auf einem Pferdekarren entführt.« Und mit den zwei Europäern meint er natürlich Özhan und mich. Denn trotz aller Unsicherheiten und Verwirrungen ist er längst wieder Zigeuner und gemeinsam mit dem alten Hüsseyin Herr der Lage.

Jenseits der Stadt tun sich weite staubige Ebenen auf. Verstreut über die Fläche eines Fußballplatzes sind Hütten gebaut, aus Blech und Holz und Karton. Daneben abgetrennt so etwas wie Koppeln, wo hin und wieder ein altes Pferd steht, aber meistens nur Berge von Müll lagern: Plastik, Flaschen und Metall. In der Mittagssonne ist es brütend heiß, und über dem Platz hängt eine Wolke von giftigem Gestank. Der eigentliche Müllplatz der Stadt Çanakkale ist nicht weit entfernt.

Özhan hat hier als Sozialarbeiter gearbeitet, er hat hier Interviews gemacht mit den Familien, hat die Kinder danach befragt, ob sie in die Schule gehen und die Mütter, ob sie irgendeine Art von Hilfe bekommen, wenn jemand krank wird in der Familie. Özhans Seele brennt vor Eifer, den Zigeunern helfen zu können. Es geht vor allem um Erziehung und Gesundheitsfürsorge. Geld ist nicht im Spiel, er will nicht einmal den Kutscher mit meinem Geld bezahlen, das soll ich gefälligst selbst machen.

Die alten Damen im Stadtviertel unterhalb der Burg lieben ihn, diesen kleinen netten jungen Mann, der immer so aufmerksam und mitfühlend zuhört, der sie versteht, der harmlos ist und ohne Falsch. Und die jungen Leute lieben ihn, auf ihre Art, weil er Gitarre spielt und singen kann, und weil er ihnen hin und wieder Texte und Noten von Schlagern besorgt.

Wir besuchen den alten Ali Riza in seiner Hütte, es ist die erste am Weg, und seine Frau und seine neun Kinder stehen um uns herum, während Hüsseyin das Pferd und den Wagen hinter der Hütte im Schatten parkt. Mit dabei: die zukünftige Schwiegertochter, die sofort loszieht, um Kaffee in winzigen Tassen zu servieren. Bald soll Hochzeit sein.

Und endlich hat mein Reisegefährte Markus jemanden gefunden, mit dem er Romanes sprechen kann, die Sprache der Zigeuner: Ali Riza spricht offenbar Romani. Und die beiden verstehen einander tatsächlich. Jedenfalls erkennen sie unter lautem Gelächter immer mal wieder ein Wort, das sie gemeinsam haben.

Ungläubig fragt Ali Riza, ob die Zigeuner in Deutschland ganz offen ihre Sprache sprechen dürfen.

»Ja, natürlich. Wir reden zu Hause nur diese Sprache.« Markus strahlt stolz, er hat es ja immer gewusst, nur wenn die Sprache überlebt, können auch die Sitte und die Moral überleben, und die Traditionen werden so weitergegeben, wie es sich gehört.

Aber für den alten Ali Riza ist es schier unglaublich, dass man die Zigeuner in Deutschland tatsächlich ihre Sprache sprechen lässt. »Auch in der Schule?«, fragt er mit staunenden Augen.

»Nein, da sprechen die Kinder natürlich Deutsch«, muss Markus eingestehen. »Aber zu Hause sprechen wir nur Romanes!«

Ali Riza lebt vom Müll, im wahrsten Sinne des Wortes. Mit den Kindern zieht er morgens früh los, bevor die Müllabfuhr kommt, und durchsucht, was immer die Leute vor die Tür gestellt haben, nach Brauchbarem. Flaschen und Plastik, Metall und Papier sortiert er dann auf dem Platz, anschließend werden die wertvollen Materialien weiterverkauft.

Die Kinder müssen der Familie beim Überleben helfen, die Mädchen kümmern sich mit der Mutter um den Haushalt, die Jungen gehen mit dem Vater auf Mülltour. Keines der Kinder geht in die Schule, und das Schulamt hat es längst aufgegeben, Zigeunerkinder notfalls mit Polizeigewalt in den Unterricht zu holen. Natürlich sehen das Türken, die keine Zigeuner sind, mit Missbilligung. Immerhin gibt es Kindergeld vom Staat, und Ali Riza verdient letztlich an seinen neun Kindern.

Noch während er uns sein Leid klagt und umständlich zu erklären versucht, warum er seine Kinder nicht in die Schule schicke – sie haben nichts anzuziehen, sie fallen auf, sie werden von den übrigen Kindern schlecht angesehen, die Lehrer kümmern sich nicht um sie – und warum seine Armut unüberwindlich sei, kommt der Wagen mit dem täglichen Essen vorgefahren. Aus den Hütten strömen die Frauen mit großen Henkelmännern zum Gemeindewagen und holen das Mittagessen für die ganze Familie. Auch Ali Rizas Frau zieht los.

Markus ist die Situation peinlich. Nichts ist für einen Zigeuner schlimmer, als beim Erzählen der Unwahrheit so offensichtlich erwischt zu werden.

Wir haben eine Bitte an Ali Riza, wir sind schließlich mit einem Tonbandgerät unterwegs. Zuerst sträubt er sich. Aber Markus bittet ihn inständig und auf Romanes, und so singt der alte Ali uns zum Abschied ein Lied, so wie er es von seinen Großeltern gelernt hat und die wiederum von deren Großeltern. Es ist ein Lied von der bitteren Armut der Zigeuner, vom Leid derer, die immer benachteiligt wurden. Vielleicht ist das Klagelied so alt wie die Geschichte der Zigeuner.

Dann kommt der Tag des Abschieds von Çanakkale. Aber die Abreise fällt uns leicht.

Einer der mit Özhan befreundeten Musiker hat uns zu einer Hochzeit eingeladen, die abends spät in der Stadt mitten auf einer Kreuzung im Zigeunerviertel Ferzipasha Mahallesi stattfinden soll: Musik und Tanz auf Türkisch bei Zigeunern, pardon: Roma. Rundum sitzt feierlich gekleidet die Hochzeitsgesellschaft, auf einer improvisierten Bühne spielt die Musik. Hin und wieder erhebt sich das Brautpaar und tanzt ein paar Schritte, und einige Gäste tun es ihnen gleich. Die Rhythmen sind zunächst schleppend und klagend, kippen dann aber bald in hektisches Stampfen und wirbelnde Melodien.

Ich habe mein Mikrofon versteckt und nehme heimlich die Musik und die Hochzeitsatmosphäre auf, weil ich die Sitten der türkischen Roma nicht kenne und auf keinen Fall verletzen möchte. Natürlich vermeide ich es auch, irgendwelche Kommentare auf Band zu sprechen – der offensichtliche Gebrauch eines Mikrofons kann nur missverstanden werden, zumal ich weder ihre, noch sie meine Sprache sprechen.

Özhan, der wissen muss, was sich gehört, filmt zu meinem Erstaunen ungehindert die Musiker mit einer winzigen Digitalkamera, die ihm seine Organisation zur Verfügung gestellt hat.

Dann laden sie Markus ein, seine Geige auszupacken und sich an der feierlichen Hochzeitsmusik zu beteiligen. Die Musik ist natürlich weit von seiner Folklore entfernt, noch weiter vom Jazz und Swing, die sonst zu seinem Repertoire gehören. Aber Markus bemüht sich redlich, den fremdartigen Rhythmen und Melodien zu folgen. Immerhin wenigstens wollen sie mit ihm kommunizieren – auf ihre Art. Denn anders geht es nicht. Markus strahlt.

Als wir uns schließlich vom Orchester, das uns eingeladen hat, verabschieden, passiert es. In der dunklen Seitengasse auf dem Weg zur Pension fährt plötzlich ein Auto langsam an uns vorbei und hält neben Özhan an. Der Fahrer springt aus dem Wagen und drückt heftig schreiend einen Revolver an Özhans Schläfe. Natürlich verstehen wir kein Wort, aber dass es ernst ist, kann man nicht missverstehen. Markus will eingreifen, aber ich ziehe ihn an der Jacke mit mir fort, tiefer hinein in das Dunkel der Altstadt von Çanakkale. Solange wir keine gemeinsame Sprache haben, können wir im Streit auch nicht vermitteln. Da hilft auch keine Geige.

Natürlich verlaufen wir uns, aber irgendwann finden wir zur Pension zurück, und nach einer bangen halben Stunde kommt Özhan völlig aufgelöst zu uns zurück. »Sie haben mir den Speicher meiner Kamera abgenommen«, schluchzt er, enttäuscht und eingeschüchtert und voller Zorn. »Sie meinten, ich hätte die Braut gefilmt.«

Edirne:
Wir verstehen einander überall!

Dies also war vor mehr als sechshundert Jahren die Hauptstadt des Osmanischen Reiches, diese Grenzstadt im äußersten Norden der Türkei, diese Ansammlung von nichtssagenden Häusern und einem halben Dutzend uralten Moscheen. Adrianopel hieß die Stadt damals. Und hier wurde Mehmet II. geboren, der dann im Alter von nur zwanzig Jahren Sultan des Osmanischen Reichs wurde.

Durch die Stadt Adrianopel müssen sie hindurchgezogen sein, jene Flüchtlinge aus dem Pandschab und aus Radschastan, aus dem heutigen Grenzgebiet zwischen Indien und Pakistan, die sich später Roma und Sinti nannten. Hier haben sich einzelne Familien wahrscheinlich zum ersten Mal auf europäischem Boden für immer niedergelassen, und von hier aus sind andere Familien und Stämme nach Griechenland, auf den Balkan oder weiter ins Zarenreich gezogen.

Während der langen Busreise auf der schnurgeraden Autobahn nach Nordwesten studiert Markus wieder seine Noten, ohne die fruchtbaren Ebenen hier im europäischen Teil der Türkei auch nur eines Blickes zu würdigen. Gestern Abend haben wir lange mit Özhan zusammen gesessen und über den Vorfall bei der Hochzeit diskutiert. Natürlich kann er nicht beweisen, dass er nur die Musiker gefilmt hat – es sei denn, die Roma des Viertels und die Familie der Braut wären bereit, sich die Aufnahmen anzusehen. Aber seit heute morgen ist nun auch der Revolverheld mitsamt der Filmkassette verschwunden.

Müssen wir jetzt vorsichtiger sein? Markus besteht darauf, dass er, wenn er bei Zigeunern ist, keine Angst haben darf.

»Ich fühle mich sicher, wenn ich meine Leute sehe«, ist seine Spielregel, nach der er sich auch in Zukunft richten will. Sein ganzes Leben lang war er mit »seinen Leuten« zusammen, er saß mit seinem Cousin zusammen in der Schule in der letzten Bank, voller Verachtung für den Rest der Klasse, er ging mit seinen Brüdern in die Diskothek, und wenn man ins Kino ging, dann immer mit ein paar anderen Zigeunern vom Platz.

Wobei »Platz« nicht mehr der Lagerplatz ist, wo sich früher, auf Reisen, die Caravans der Familie im Kreis aufstellten. Heute ist der »Platz« eine Sackgasse im Kölner Norden, deren Wendehammer – was für ein Wort! – rundum mit kleinen, primitiven Häusern umstellt ist, die die Stadt Köln hat errichten lassen. Hier lebt die Familie, und sobald ein Sohn oder eine Tochter geheiratet haben, stellen sie ihren Wohnwagen neben das Häuschen der Eltern, jedenfalls so lange, bis sie ihr eigenes Haus beziehen können. Nie ist einer von ihnen wirklich allein. Nie muss ein Sinto vor einem anderen Angst haben. Aber wissen das alle Zigeuner? Überall in der Welt?

Manchmal hat Markus Angst um seinen kleinen Sohn, aber dann vergewissert er sich, dass der kleine Distlo nicht allein ist, also begleitet von einem Cousin oder einem Onkel, und alles ist gut. Manchmal könnte Markus auch Angst haben um seine eigene Zukunft, um sein altes Auto, um neue Termine für Studioaufnahmen, um seine Gesundheit. Aber da er nicht allein ist, wird diese Angst nie wirklich bedrohlich.

Vielleicht hat er manchmal während unserer Reise Angst, unter so vielen Fremden allein zu sein. Und ganz sicher fürchtet er sich davor, dass er bei der Entdeckung seines Volkes auf erschreckende Einsichten und unlösbare Probleme stoßen könnte. Aber das ist eine andere Geschichte. Die erzählen wir ja gerade.

Endstation des Busses, der uns in die Stadt bringt, ist die riesige Alte Moschee im Zentrum von Edirne, eine der wenigen Touristenattraktionen der Stadt. Sie wurde gleich nach der Eroberung von Adrianopel im Jahr 1403 erbaut. Nachdem dann

Mehmet II., der auch die Burgen auf beiden Seiten der Dardanellen errichten ließ, 1453 das legendäre Konstantinopel erobert hatte, nannte er die Stadt Istanbul und machte sie zur neuen Hauptstadt des Osmanischen Reiches. Und Adrianopel wurde zu Edirne.

Damals wurden übrigens die Zigeuner zum ersten Mal urkundlich in der Türkei erwähnt: in den osmanischen Steuergesetzen, die in drei Versionen galten, eine für gläubige Moslems, eine für die heidnischen Christen, und eine dritte Version galt den Roma, die inzwischen dazu tendierten, Moslems zu werden. Denn als Christen hätten sie erheblich höhere Steuern zahlen müssen. Wer aber für die Osmanische Armee arbeitete, hatte besondere Privilegien. Das Dokument erwähnt übrigens auch Zigeuner in Sofia, Plovdiv, Niš, Vidin und Bosnien. Damals werden 3.237 normale Roma-Haushalte und 211 Witwenhaushalte in den Büchern des Sultans verzeichnet.

Ein Gesetz von Sultan Süleyman dem Prächtigen regelte 1530 dann die Steuern für moslemische und christliche Roma neu. Danach mussten die christlichen Zigeuner nun zwanzig Prozent mehr Steuern zahlen als Moslems. Prostituierte Zigeunerinnen zahlten das Fünffache, so der Text des Gesetzes.

Hinter den zwei Minaretten und neun Kuppeln der Alten Moschee beginnt das Zigeunerviertel von Edirne, eine bunte, unordentliche und schmutzige Ansammlung von Häuschen und Bretterbuden, voller spielender Kinder und Frauen in langen Röcken, die in Gruppen auf den schmalen Straßen zusammenstehen, während ihre Männer die Kaffeehäuser bevölkern. Markus erkennt sie sofort, und natürlich beginnt wieder die alte Diskussion darüber, woran man Zigeuner sofort als solche erkennen kann.

»Sie haben dunklere Haut«, sagt er. »Und schwarze Haare.« Was man wohl von rund neunzig Prozent der Bewohner Edirnes, ja, der Türkei sagen kann. »Ja, aber sie kleiden sich auch anders. Die Frauen haben lange Röcke, und die Männer tragen Anzüge mit gebügelten Hosen.« Die Logik überzeugt mich nicht, auch wenn ich sehe, dass die meisten Menschen hier im Viertel hinter der Alten Moschee etwas Gemeinsames haben. Für mich ist es die drückende Armut in den Straßen und der Schmutz überall, die glanzlosen Augen der Frauen und das aggressive Spiel der Kinder.

Wir besuchen den Präsidenten der so genannten Föderation der Roma-Gemeinschaften in der Türkei, Erdinç Çekiç, der sein Büro in der Stadt Edirne hat, am Rand des Zigeunerviertels. Wie so oft bei Nichtregierungsorganisationen, die vom Geld mildtätiger Geber leben, erfahren wir nichts Genaues über die Mitglieder des Vereins, weder über ihre Zahl noch über ihre Motive, sich ausgerechnet diesem Verband anzuschließen.

Ebenso zweifelhaft sind natürlich auch die Zahlen über die Roma-Gemeinschaften in der Türkei.

»Es gibt darüber keine akademische Information«, sagt, etwas gestelzt, der so genannte Präsident, der vor einem Jahr das Wort Çingene, also Zigeuner, aus dem Namen seines Verbands gestrichen und durch das vornehmere Roma ersetzt hat. »Was wir aus den Zeitungen wissen und aus den Berichten von Experten, so schätzen wir die Zahl auf zweieinhalb Millionen Roma in der ganzen Türkei – oder sogar noch mehr.«

Immerhin bestätigt er unsere Information, dass die Zigeuner in der Türkei keinen Minderheitenstatus haben, das heißt, sie genießen keine Sonderrechte, keinen besonderen Schutz.

»Denn im Artikel 10 unserer Verfassung steht, dass weder die Hautfarbe, die Herkunft oder die Religion eine Rolle spielen dürfen. Alle Bürger der Türkei sind gleich.« Er verfällt wieder in diesen feierlichen Ton.

Inzwischen sind mehrere gesetzte Männer in das unordentliche Büro gekommen und haben sich rundum verteilt. Hin und wieder werfen sie Bemerkungen ein, aber die meiste Zeit scheinen sie ihrem Präsidenten zuzuhören, der auch immer wieder einmal Zustimmung heischend in die Runde blickt. Alle tragen sie dunkle Anzüge, die meisten auch eine Krawatte, und sie alle lächeln uns freundlich zu.

»Die einzelnen Mitglieder unserer Roma-Gemeinschaften sind unglücklicherweise kaum in der Lage, sich selbst zu vertreten«, sagt der Präsident jetzt auf meine Frage, warum denn ein Volk, das alle Rechte hat wie die Mehrheit der Bewohner des Landes, eine eigene Interessensvertretung brauche. »In der Gesellschaft gibt es starke Vorurteile gegen Roma. Unser Volk ist seit Jahrhunderten unterdrückt worden und wird auch heute noch unterdrückt. Es geht also auch darum, diese Vorurteile zu bekämpfen und die positiven Aspekte hervorzuheben.«

Ob Musik auch zu den positiven Aspekten gehört? Jedenfalls gehört die Sprache der Zigeuner, das Romanes, nicht dazu. Markus ist tief enttäuscht, dass er mit niemandem sprechen kann. Auch die alten Männer schütteln nur den Kopf, wenn er sie anspricht.

Aber dann finden sie doch jemanden, der sich wenigstens mit Musik verständlich machen kann. Der Präsident hat seine Beziehungen spielen lassen.

In dunkler Nacht treffen wir ihn und seine Altherrenriege auf einer riesigen Wiese vor dem Stadion von Edirne, mitten zwischen anderthalbtausend weißen Campingstühlen und mindestens fünfhundert Campingtischen aus weißem Plastik. Ansonsten ist das Gelände, das wohl gewöhnlich für Feste genutzt wird, für Hochzeiten oder andere Großveranstaltungen, wüst und leer. Ein paar nackte Birnen, die an langen Kabeln zwischen den Bäumen baumeln, weisen uns den Weg und beleuchten notdürftig die beinahe gespenstische Szenerie.

Sie haben eine Art Barwagen hergeschleppt mit Bier und Cola und Saft und Wasser, und wir setzen uns um einen der Campingtische und nehmen das Angebot gerne an. Dann packen Markus und sein türkischer Kollege, der selbstverständlich wieder kein Wort Romanes spricht, ihre Geigen aus, und Markus Reinhardt hat endlich jemanden gefunden, mit dem er sich zumindest musikalisch unterhalten kann.

Ali Karali, der türkische Geiger, hat Noten mitgebracht,

ganz ungewöhnlich für einen Zigeuner, und Mahmut Bati, ein stämmiger Roma im dunklen Jackett mit Schlips, singt dazu mit dramatisch weit ausgebreiteten Armen. Ein bisschen ähnelt die Musik, zu der Ali unseren Geiger Markus animieren will, den klassischen Übungsstücken für Anfänger im Violinenspiel, und ich kann mich des Eindrucks nicht erwehren, dass Herr Karali tatsächlich im Alltagsleben ein Geigenlehrer ist.

Jedenfalls sind die Männer, die im Kreis um die Musiker herum sitzen, offensichtlich höchst zufrieden über ihren Kommunikationserfolg. Auch wenn niemand bisher ein Wort mit Markus gewechselt hat. Der Boss der Truppe, Erdinç Çekiç, ruft mit dem Mobiltelefon seine Frau an und hält das Telefon so, dass sie das ungewöhnliche Konzert sozusagen live miterleben kann.

»Ich hab's dir ja gesagt«, ruft mein glücklicher Freund Markus mir in einer Konzertpause zu. »Alle Zigeuner der Welt verstehen einander!«

Varna:
Jenseits der Touristenzentren

Gab es ein Erdbeben? Eine Überschwemmung? Einen Krieg, von dem wir nichts gehört und gelesen haben? Was hat diese ehemaligen Seebäder so heruntergebracht, ja, ruiniert? Ein Drittel der Hotels sieht ausgebombt aus, ein weiteres Drittel steht zum Verkauf. Und der Rest, jene überdimensionierten Plattenbauten aus sozialistischer Zeit, beherbergt jetzt im Herbst hauptsächlich Senioren aus Westeuropa, Russland und Polen. Eigentlich ist nichts wirklich attraktiv an der Küste des Schwarzen Meeres im Nordosten Bulgariens, da, wo vor zwei Jahrzehnten noch die Nomenklatura Urlaub machte oder privilegierte Parteimitglieder auf Kur gingen.

Natürlich tut der Regen, der stetig herniederrieselt, ein Übriges, und all die Alten in ihren Anoraks und Freizeitjacken machen das Bild nicht munterer. Der All-Inclusive-Rhythmus scheucht sie gegen Mittag auch alle wieder in ihre Hotels zurück, wo Bulgaren inzwischen nur noch als Personal vorhanden sind. Urlaub in Bulgarien ist billig. Und All-Inclusive-Hotels gelten inzwischen als äußerst preiswerte Alkoholikertreffs.

In der Touristenstadt Varna, in Sankt Konstantin und Elena, am Goldstrand, in Albena und in den übrigen Hotelburgen an den bulgarischen Stränden des Schwarzen Meeres, kommen die Zigeuner eigentlich nur einmal vor: am ersten Tag, bei der Einführung durch die örtliche Reiseleitung. Da wird vor ihnen gewarnt, weil angeblich alles Übel und alle Verbrechen in den wenig gepflegten Küstenorten von den Zigeunern ausgehen. Danach ist nicht mehr die Rede von ihnen.

Außer vielleicht, wenn man im Fischrestaurant Sindbad dem

Zigeunerorchester von Rosen Chirpanov begegnet. Das allerdings spielt auch »Lili Marleen« und »Junge, komm bald wieder«, obwohl es aus der bulgarischen Stadt Shumen stammt, wo jeder zweite Zigeuner ein Musiker ist und übrigens gar keine Zeit hätte zum Klauen.

Dabei gibt es in keinem weiteren EU-Mitgliedsland so viele Zigeuner wie in Bulgarien und im Nachbarland Rumänien. Insgesamt werden es mehr als vier Millionen sein, das wäre fast die Hälfte aller Zigeuner in der Europäischen Union. Und die Stämme in Rumänien und Bulgarien sind ebenso zahlreich wie in der Türkei – woher sie ja wahrscheinlich auch gekommen sind. Von Edirne aus sind es weniger als acht Stunden Busfahrt nach Varna – übers Gebirge und später an den Stränden des Schwarzen Meeres entlang. Es muss eine mühselige Reise gewesen sein, als man die Strecke noch mit Pferd und Wagen bewältigen musste.

In Rumänien gehört zur bitteren Vergangenheit der Roma die Sklavenherrschaft der Woywoden Transsilvaniens, der Walachei und Moldawiens. Bereits 1241 kamen die ersten Zigeuner als Tatarensklaven nach Rumänien und wurden dort von den Woywoden als Leibeigene genommen. Man setzte sie auf den Feldern und auf den Höfen ein, man schenkte sie höher stehenden Adeligen oder verehrte sie in ganzen Gruppen dem König. Auch das Wohlwollen ausländischer Herrscher versuchte man sich mit Sklavengeschenken zu sichern.

Erst nach mehr als sechshundert Jahren, im Jahr 1864, endete die Zeit der Sklaverei in Transsilvanien, der Walachei und Moldawien. Innerhalb weniger Monate wurden sechshunderttausend Roma freigelassen – ohne jede soziale oder wirtschaftliche Sicherheit.

Zwei Geschichten haben Markus Reinhardt und ich über die Roma in Bulgarien in den alten Büchern gelesen. Die eine handelt von Zigeunern aus Philippopolis, das heute Plovdiv heißt. Im Jahr 811 fiel der byzantinische Kaiser Nikephoros I. in Bulgarien ein, wurde aber vom bulgarischen Khan Krum in der

Schlacht von Pliska besiegt. Nach der Schlacht beauftragte der Khan zwei Zigeuner, so erzählt die Legende, einen silbernen Becher nach dem Schädel des besiegten Herrschers zu schmieden. Aus diesem schädelförmigen Pokal trank dann der Sieger, Khan Krum von Bulgarien, auf das Wohl des Besiegten. Jedenfalls steht es so in den Geschichtsbüchern geschrieben.

Die andere Geschichte wird von den Wissenschaftlern Donald Kenrick und Grattan Puxon berichtet, die sich von Ali Chaushev, einem Rom aus der bulgarischen Stadt Shumen haben erzählen lassen, woher die Zigeuner kommen:

»Wir hatten einst einen großen König, einen Zigeuner. Er war unser Prinz. Er war unser König. Alle Zigeuner lebten damals zusammen an einem Ort, in einem wunderschönen Land. Der Name dieses Landes war Sind. Da gab es viel Glück, viel Freude. Der Name unseres Anführers war Mar Amengo Dep. Er hatte zwei Brüder. Einer hieß Romano, der andere Singan. Alles war gut, aber dann begann ein großer Krieg. Die Moslems hatten diesen Krieg angezettelt. Sie legten das Land der Zigeuner in Schutt und Asche. Die Zigeuner flohen gemeinsam aus ihrem Land. Sie wanderten als arme Menschen in andere Länder, andere Nationen. Zu jener Zeit nahmen die drei Brüder ihre Gefolgschaft und wanderten weiter, sie wanderten viele Straßen, einige wanderten nach Arabien, andere nach Byzanz, wieder andere nach Armenien. Und so ziehen sie noch heute durch die ganze Welt.«

Die verblüffende Ähnlichkeit mit der Geschichte des Bahram-Gor, die vom persischen Dichter Firdausi erzählt wurde, sticht allen ins Auge, die sich bisher zumeist vergeblich um Beweise für die wahre Wandergeschichte der Zigeuner bemüht haben.

Und auch, dass es heute noch tüchtige Schmiede unter den Zigeunern Bulgariens gibt, ist verblüffend – ist doch der Beruf fast ausgestorben. Im kleinen Dorf Jitnitsa, nicht weit von den Minen von Provadia, leben die »Burgudji«, wie sie sich selbst nennen, die Schraubenschmiede.

Mit dem Blasebalg facht Ivan Kostov, der Schmied des Dorfes, das Feuer in der Esse an und nimmt dann das Eisen auf den Amboss, um es mit kräftigen Hammerschlägen zu bearbeiten. Er hat lustige Knopfaugen in einem zerfurchten und von der Asche verschmutzten Gesicht, und als wir uns später ins Wohnzimmer setzen, strahlt er noch mehr und hält stolz ein riesiges Schwert in die Höhe, das er vor einiger Zeit geschmiedet hat. Wir heben die Gläser mit Selbstgebranntem: »Nasdrave!« Zum Wohl, und dann erzählt Ivan die Geschichte von Jitnitsa.

»Dies war früher einmal ein ganz reiches Dorf, auch wenn es heute nicht mehr so aussieht. Als die Zigeuner dann kamen, siedelten sie erst mit ihren Zelten außerhalb des Dorfes und begannen mit Landwirtschaft, wie die übrigen Leute auch, und säten und ernteten, bis einige auch damit begannen, Werkzeug zu reparieren, vor allem, nachdem die Ernte vorüber war. Dann gab es Häuser, die wurden aufgegeben, weil zu viele Reparaturen nötig gewesen wären, und da zogen wir ein und begannen auch, Erntemaschinen zu bauen. Denn bis dahin war nur mit der Hand geerntet worden.«

Ivan zeigt uns eine Sammlung von kostbaren geschmiedeten Dolchen und Messern in kunstvoll verzierten Schäften. »Früher zog ich mit einem Wagen von Dorf zu Dorf und bot meine Schmiedekunst an. Wir reisten herum, mein Vater und mein Großvater haben dies Land sicher viele Male durchquert. Wir sind sozusagen hinter dem Handwerk her gewandert. Ich hab mal den Begriff geprägt: Wir sind mobile Fabriken. Und wir gingen dahin, wo Arbeit war. Heute kommen die Leute zu mir in meine Schmiede, wenn sie eine besonders kunstvolle Arbeit brauchen.«

Wir fragen Ivan den Schmied nach den »Gadsche«, wie auf Romanes die Menschen normalerweise bezeichnet werden, die keine Zigeuner sind, aber wir müssen umlernen. Ivan kneift seine Knopfaugen zusammen: »Das sind die türkischen Zigeuner, die das Wort Gadscho benutzen. Wir bulgarischen

Roma sagen ›Dasz‹ zu den Nicht-Zigeunern.« – »Und warum hassen die Dasz Sie?« – »Ich hab da nicht viel Erfahrung, weil ich wenig Kontakt mit Bulgaren habe. Übrigens auch nicht mit den anderen Roma-Stämmen. Und in Bulgarien gibt es ja viele verschiedene Zigeunergemeinschaften.«

Er schaut sich nach seiner Frau und dem Sohn um, die mit ins Wohnzimmer gekommen sind und ebenfalls am Rakija nippen. Die Frau hat slawische Gesichtszüge und fast asiatisch anmutende Augen, der Sohn ist stämmig und dunkelhäutig wie der Vater, mit ebensolchen Knopfaugen und fast schon ebenso tief zerfurchten Linien im Gesicht, aber er blickt sehr viel ernster als der Vater. »Zunächst haben wir verschiedene Sprachen«, fährt dann Ivan fort. »Und dann sind wir in mehrere große, sehr verschiedene Gruppen geteilt: Wir sind ›Burgudji Doma‹, also Handwerker, und wir leben von dem, was wir produzieren und was wir auf dem Markt verkaufen. Es gibt eine andere Gruppe, die heißt ›Kavondji Doma‹, die Kochtöpfe emaillieren. Zwischen den beiden Gruppen wird auch geheiratet, zwar selten, aber es würde keinen Konflikt bedeuten. Auch unsere Sprachen sind ziemlich gleich.«

Nach einer Trinkpause (»Nasdrave!«) fährt er fort: »Dann gibt es Zigeuner, die aus der Türkei stammen, und die mögen wir nicht so sehr. Es sind Arbeiter, und sie arbeiten hart, aber unsere Sprachen und unsere Sitten und Gebräuche sind so verschieden, und nur ganz selten würde ein bulgarischer Rom eine türkische Romnia heiraten. Oder umgekehrt. Wenn eine bulgarische Romnia einen türkischen Rom heiraten würde, geschähe das entweder unter Zwang, oder, wenn sie freiwillig die Ehe einginge, würde sie von den Eltern verstoßen.«

Jetzt wird auch Ivan ernst: »Dann gibt es noch eine Gruppe, die Kalderasch. Wir hassen sie, weil sie uns vor der bulgarischen Gesellschaft blamieren. Sie sind Taschendiebe und Betrüger. Und wenn es dann heißt, das waren wieder die Zigeuner, waren wir das gar nicht. Und wir können uns nicht mal verteidigen.«

»Aber warum hassen die Bulgaren euch?« – »Die Leute machen ja keinen Unterschied, welche Zigeuner sie betrogen und bestohlen haben, und das ist wahrscheinlich der Grund, warum sie erst einmal alle Zigeuner hassen. Wir sind Handwerker, wir haben es nicht nötig zu stehlen. Mit unseren Waffen haben bereits Feldherrn vor vielen Jahrhunderten Kriege gewonnen. Und wer einen Krieg gewinnen will, braucht gute Waffen. Wir produzieren die besten Schwerter und Dolche, und wir sind nur wenige – in Montenegro und Serbien, in Mazedonien, Ungarn, Rumänien und Bulgarien. Wir sind nicht viele, aber ein Handwerk ist eine ehrenwerte Tätigkeit, und damit kann man seinen Lebensunterhalt verdienen.« Und nach einer Pause schließt Ivan: »Es ist eben auch eine Frage der Ehre.«

Heute sind die Burgudji also sesshaft, und hin und wieder findet man Proben ihrer Arbeit bei Antiquitätenhändlern in Varna oder im dortigen Museum, wo Tinka Bozova, die übrigens auch aus Jitnitsa stammt, Kunst der Zigeuner gesammelt hat. Tinka ist im Haus neben Ivan dem Schmied aufgewachsen, und die beiden kennen einander seit der Grundschule.

Tinkas Mutter kommt uns auf den wackligen Platten ihres Gartenwegs in einem langen, wehenden Kleid auf hochhackigen Schuhen entgegen, umarmt uns und bittet uns in das winzige Haus, dessen rotes Ziegeldach ganz von Wein überwachsen ist. Tinkas Mutter heißt Sheka Jordanova, sie hat weiße Bohnensuppe vorbereitet und einen Shopska-Salat aus Gurken, Tomaten und einer Schneehaube aus geriebenem weißen Käse und natürlich Rakija, den sie uns in Wassergläsern serviert, am hellen Vormittag.

Jetzt singt Tinkas Mutter ein Lied von den Schmerzen und Freuden der Liebe eines Zigeunermädchens, ihre Augen strahlen uns an, mit den Armen macht sie Bewegungen, als würde sie über eine riesige Tanzfläche schweben. In Wirklichkeit sitzen wir auf Holzkisten, die die alte Frau mit bunten Tüchern verkleidet hat. Tinka zwinkert mir zu, weil sie findet, dass ihre

Mutter sich benimmt wie ein kleines Mädchen. Erst nach Stunden brechen wir auf.

Als wir zurück in die Stadt kommen, wird in der Kathedrale Mariä Himmelfahrt gerade ein kleines Zigeunerkind getauft, und wie so oft, auch bei uns, ist das neue Christenkind nicht mit dem kalten Wasser einverstanden, das auch in orthodoxen Kirchen zum Taufen verwendet wird. Es schreit wie am Spieß. Seine Mutter ist eine kleine und resolute, aber sehr junge Frau, fast noch ein Mädchen, höchstens sechzehn Jahre alt, mit blonden Haaren, in die sie goldene Strähnen geflochten hat. Sie schaukelt das Baby mit ausgestreckten Armen so heftig, dass ich Angst bekomme, sie könnte das schreiende Bündel fallen lassen. Die Männer, die auch nicht älter als zwanzig sind, stehen verlegen grinsend in ihren dunklen Anzügen herum, einer von ihnen muss der Vater sein, aber er macht keine Anstalten, seiner Frau zu helfen.

Der Pope – also der Pfarrer der christlich-orthodoxen Kirche – hat langes, schwarzes Haar, das er zu einem Pferdeschwanz gebunden hat. Das habe ich noch nie gesehen. Der Pferdeschwanz hängt hinten über sein kostbares Gewand, während er das goldene Gebetbuch weit von sich hält und im Wechsel mit dem Chor das Taufgebet spricht. Jetzt, während das kleine Kind immer lauter brüllt, schaut er seinen Mitbruder an, der den Messdiener macht, und beide müssen über die vergeblichen Bemühungen der Mutter lachen. Dann stimmen sie mit dem Chor endlich den Schlussgesang an, und die junge, blonde Mutter kann unter dem vielstimmigen Amen! Amen! Amen! mit ihrem schreienden Baby die Kathedrale verlassen.

Nicht weit von der Kathedrale entfernt, gleich neben dem Hafen von Varna, leben viele Roma in Holzhütten, die mit Blech und Karton verkleidet sind. Vor ihren Hütten steht hin und wieder ein klappriges Pferd, ansonsten schlängelt sich ein ausgetrocknetes Bachbett zwischen den Hütten hindurch, das völlig zugemüllt ist. Ich habe das Elend bereits vor Jahren gesehen, aber wie in den Vorstädten Lateinamerikas, Afrikas und Asiens werden auch hier im Osten Bulgariens entgegen allen Hoffnungen die Slums mit jedem Jahr nur noch größer und dramatischer und elender.

Rundum ragen Plattenbauten in den Himmel, wie sie überall in der Welt von Stadtverwaltungen für sozial ausgegrenzte Menschen gebaut werden. Nur dass hier die armen Menschen bedeutend reicher sind als die Zigeuner zu ihren Füßen. Von ihren mit Kühlschränken und Waschmaschinen bepackten Balkonen, die überdies voller Wäsche hängen, blicken sie auf das schmutzige Elend hinunter.

In einer dieser Hütten auf dem Zigeunerplatz lebt Mihail mit seiner Mutter und seinem älteren Bruder. »Ich bin Misho«, stellt er sich vor, weil ihn alle so rufen. Er ist neun Jahre alt, und ich kenne ihn aus einem Sozialprojekt, das sich »Gavroche« nennt – nach dem kleinen Straßenjungen im Roman »Les Misérables« von Victor Hugo.

»Mein Vater ist im Gefängnis«, erzählt Misho. »Meine Mutter arbeitet am Goldstrand«, das ist die Feriensiedlung nicht weit von der Stadt Varna entfernt. Warum sein Vater im Knast ist? Er hat sich mit jemandem geschlagen, mehr weiß Misho nicht. Aber Misho liebt seinen Vater. Welcher Arbeit seine Mutter in der Touristenhochburg nachgeht, weiß Misho auch nicht, jedenfalls schweigt er auf die entsprechende Frage. Bis er ins Projekt gekommen ist, hat er die meiste Zeit auf der Straße zugebracht. Und im Übrigen habe er keine Roma-Freunde. Das überrascht mich, und Misho erklärt: »Ein Zigeunerjunge hat mich einmal geschlagen.« Und die bulgarischen Kinder schlagen dich nicht? »Nein, das sind meine besten Freunde.«

Das Zentrum »Gavroche« wird von Maria Prohaska geleitet, die bestätigt, dass die Lebensumstände, von denen Misho berichtet, typisch sind für die Zigeuner hier im Nordosten Bulgariens. »Das liegt daran, dass die Roma seit dem Übergang von einer sozialistischen in eine kapitalistische Gesellschaft keine

44

Arbeit mehr haben, weil sie weder lesen noch schreiben können und also nicht qualifizierbar sind. Außerdem haben sie nie gelernt, ihre Familie zu planen. Sie bekommen ständig mehr Kinder, und dann können sie nicht mehr für sie sorgen. Also lassen sie sie auf der Straße.«

Im Zentrum ist Platz für Kinder, die kein Zuhause haben.

Maria Prohaska: »Wir haben zwei Schlafzimmer, eines für die Mädchen, das zweite für die Jungen. Jeder Raum hat fünfzehn Betten. Dazu kommt ein großer Klassenraum für zweiundzwanzig bis fünfundzwanzig Kinder, wo also auch Kinder unterrichtet werden, die nicht bei uns wohnen.« Viele von denen, die schon länger im Zentrum wohnen, gehen inzwischen in ganz normale Schulen in der Nachbarschaft.

Neben Mihails Holzhütte wohnt Penka in einer weiteren Elendsbaracke, sie ist ebenfalls neun Jahre alt. Die beiden kommen morgens gemeinsam ins Zentrum, nachmittags spielen sie mit den übrigen zahlreichen Kindern im ausgetrockneten Bachbett ihres Platzes.

»Mein Vater hat hier in Varna gearbeitet«, erzählt Penka, die ihr schwarzes Haar in zwei kleine Zöpfchen gebunden hat. »Er hat Leuten beim Umzug geholfen, mit den Möbeln. Aber er hat uns nie Geld gegeben, und er hat immer getrunken. Da haben sich meine Eltern getrennt.« Und wie verdienen sie jetzt ihren Lebensunterhalt? »Meine Mutter sucht im Müll nach Sachen aus Eisen, die verkauft sie dann, und davon können wir uns ernähren.« Und mit einem Schulterzucken fügt sie hinzu: »Aber das heißt eben auch, dass ich keinen Vater mehr habe. Weil sie sich getrennt haben.«

»Hilfst du deiner Mutter manchmal?«, fragen wir. Inzwischen sind zwei Freundinnen gekommen, und Penka würde das Gespräch wohl gerne beenden. »Ja«, antwortet die Neunjährige. »Wenn hier keine Schule ist, dann bin ich auch bei den Mülleimern.« Die drei schwarzhaarigen Mädchen stürmen hinaus.

»Sie sind alle drei schon versprochen«, sagt nüchtern meine

Übersetzerin, die sich mit den Lehrerinnen und Lehrern des Zentrums unterhalten hat. »In spätestens drei Jahren werden sie heiraten, und mit vierzehn werden sie Kinder haben. Eine Kindheit ist kurz hier bei den Roma in Bulgarien.«

Algeciras und La Linea:
Wir sind Flamenco!

Die ganze Familie sitzt in prächtigen Sonntagsgewändern mitten auf der Straße, nicht weit vom Supermarkt, wo wir ein paar notwendige Dinge einkaufen wollten und der natürlich geschlossen hat: der Vater und seine vier Töchter und die Frau des Hauses, behängt mit goldenen Reifen und Ketten, die Arme in die Hüften gestemmt. Wir bitten sie, uns den Weg zum nächsten Supermarkt, der am Sonntag noch offen hat, zu erklären. Dass sie Zigeuner sind, hat mein Freund, der Sinto Markus Reinhardt, gleich gesehen. Wir sind in Algeciras, im äußersten Süden Andalusiens, gleich gegenüber dem mächtigen Felsen von Gibraltar.

In diesem Viertel der Hafenstadt Algeciras wohnen fast ausschließlich Zigeuner. Markus blüht auf. Endlich ist er wieder unter seinesgleichen. Aber als er den Herrn des Hauses, der hoch oben auf einem Sessel thront, den sie ihm auf den Bürgersteig gestellt haben, auf Romanes nach dem Weg zum Supermarkt fragt, zuckt der nur bedauernd lächelnd die Schultern. Es kostet Markus Überwindung, mir das Wort zu überlassen, und wir erfahren, dass die Zigeuner Spaniens schon lange kein Romanes mehr sprechen oder das Caló, einstmals der Dialekt, mit dem man sich untereinander verständigen konnte. »Wir sprechen Spanisch«, sagt der Mann. »Wie alle hier.«

Immer folgen sie ihren Gastgebern, und wenn möglich, versuchen sie nicht aufzufallen. Sie spielen die Musik der Gastländer, und sie passen sich so weit, wie das ihre Sitten und ihre Moral erlauben, den jeweiligen Gastgebern an. Dabei sind Moral und Sitten streng, und oft betrachten sie ihre Gastgeber mit Misstrauen und Geringschätzung. Man isst nicht gern bei Gadsche, also Menschen, die nicht Zigeuner sind. »Weil die Gadsche nicht sauber sind, sie sind unrein«, sagt Markus. »Sie kennen unsere Gesetze nicht – in der Küche, beim Essen und Trinken, bei der Sauberkeit in der Wohnung. Vieles stammt natürlich noch aus unserer Zeit als Nomaden, da musste man, was die Hygiene anging, sehr aufmerksam sein.«

So benutzt man unterschiedliche Schüsseln zum Waschen, je nachdem ob man normale Sachen oder beispielsweise Leibwäsche wäscht. Man setzt sich nicht auf den Esstisch, und Getränke oder Essensteller stellt man nicht auf den Boden. Wenn Frauen ihre Tage haben, sitzen sie nicht am gemeinsamen Esstisch und benutzen auch nicht das normale Geschirr und Besteck. Und was das Essen angeht, so gilt Pferdefleisch als unrein; wer es isst – und sei es nur versehentlich – wird ausgeschlossen aus der Sinti-Gemeinschaft. Pferde waren jahrhundertelang die wichtigsten Begleiter der wandernden Zigeunerfamilien. Wichtiger als die meisten Gastgeber – wenn sie sich denn, selten genug, als solche erwiesen.

Manche Wörter haben die deutschen Zigeuner bei ihrem Gastvolk, den Deutschen, gelernt – wie rein und unrein. In ihrer eigenen Sprache, dem Romanes, gibt es »pale dschides«, was soviel wie unrein bedeutet. Ärzte und Krankenschwestern sind pale dschides, weil sie mit Blut umgehen und andere Menschen anfassen. Natürlich sind Polizisten pale dschides, sie sind sozusagen die natürlichen Feinde der Nomaden dieser Welt.

Die Sprache der Roma und Sinti, der Manoush und Kalderasch, der Travellers und Gitanos stammt aus Nordwestindien, aus einem Gebiet jenseits des Flusses Sind, der heute Indus heißt. Romanes ist eine indogermanische Sprache und ist, wie die Sprachwissenschaftler sagen, mit dem Sanskrit verwandt – einer der ältesten Sprachen der Welt.

Natürlich hat sich die Sprache während der Wanderungen verändert, hier und dort wurden Worte übernommen, andere

Begriffe mussten neu erfunden werden, weil sie bisher im Leben der Zigeuner nicht vorgekommen waren. Aber Romanes blieb eine mündlich übertragene Sprache, nie haben die Zigeuner sie aufgeschrieben oder gar Wörterbücher angelegt. Aus einem einleuchtenden Grund: Es war ihre eigene Sprache, in der sie ohne Zeugen kommunizieren konnten. Sie war ihr Schutz. Und sie barg ihre Geschichte und ihre Traditionen.

Jede Familie, jede Sippe, jedes Zigeunervolk bildete auf den verschiedenen Wanderwegen eine ganz eigene Sprache heraus, mit eigenen Begriffen und Inhalten, die von anderen Zigeunerfamilien, die andere Wege gegangen waren, nicht unmittelbar zu verstehen waren. Das gilt auch für das Caló der spanischen Zigeuner. Aber die wichtigsten Grundbegriffe waren dieselben, und dazu kam das Bewusstsein, dass man ein großes Volk war – mit einer gemeinsamen Geschichte und Tradition.

Nach einer alten spanischen Chronik sollen sie seit mehr als tausend Jahren unterwegs sein, und mindestens ein Stamm muss den Weg durch Nordafrika genommen haben, entlang der Küste des Mittelmeers bis an den Rand der damals bekannten Welt: bis zur Straße von Gibraltar. Sie folgten den Arabern auf ihren Feldzügen, und zu Beginn des 14. Jahrhunderts, gegen das Jahr 1350, wie es in einer Chronik heißt, setzten sie gemeinsam mit den Mauren von Nordafrika auf die iberische Halbinsel über – »von Indien kommend, vom Fluss Sind, quer durch Nordafrika«. Wahrscheinlich hat sie damals zunächst niemand von den Mauren unterschieden; »maurus« ist lateinisch und bedeutet dunkelhäutig.

Fünfundsiebzig Jahre später, im Januar 1425, ist auch ein dunkelhäutiger Johannes aus Ägypten darunter, auf Spanisch Juan, der mit seiner ganzen Familie übergesetzt hat und sogleich den spanischen König aufsucht. Er will ihm seine Aufwartung machen und um Schutz bitten. Seine Bitte wird sofort erhört.

»König Alfonso wünscht allen seinen geliebten und treuen

Adeligen und Fürsten, seinen Richtern, Staatsanwälten, Bürgermeistern, Amtsinhabern und allen weiteren Beamten und den übrigen Untergebenen, sowie den Wächtern an den Grenzen unseres Königreichs und unserer Länder und all denen, denen dies Schreiben vorgelegt werden möge, Gesundheit und Wohlergehen.«

So beginnt das königliche Schreiben. Was für eine schöne Geste, den Empfängern des Schreibens zunächst die besten Wünsche zu übermitteln! Seine Majestät fährt fort:

»Wie es unserem geliebten und ergebenen Don Juan aus Kleinägypten gefällt, der mit unserer Erlaubnis die verschiedenen Teile unserer Königreiche und unserer Länder besucht, so wünschen wir, dass er gut behandelt und aufgenommen werden möge, und wir ordnen an, unter Androhung unseres Zorns und unserer Indignation, dass der vorerwähnte Don Juan aus Ägypten und alle, die mit ihm ziehen und ihn begleiten, mit all ihrer Habe, Kleidern, Gütern, Gold, Silber, Schmiedewaren und allen weiteren Dinge, die sie mit sich führen mögen, passieren können und sich in jeder Stadt, jedem Landhaus, jedem Ort und überall in unserem Herrschaftsbereich wohlbehalten und sicher aufhalten können, ohne dass sie behelligt oder behindert werden. Man gebe ihnen also sicheres Geleit, wenn es der bereits erwähnte Don Juan wünscht, und wenn er dieses Geleitschreiben vorlegt, das gültig bleibt für die nächsten drei Monate vom heutigen Tage an. Gegeben zu Zaragoza mit unserem Siegel am zwölften Tag des Monats Januar im Jahr unseres Herrn 1425. König Alfonso.«

Soweit der Schutzbrief des spanischen Throns. Er war nur drei Monate gültig und bot also auch nur für drei Monate Schutz. Er ist das erste schriftliche Dokument über die Ankunft der Zigeuner in Spanien. Und die erste – und in Spanien wohl letzte – freundliche Geste gegenüber den Nomaden aus dem fernen Morgenland.

Schon seit Jahrhunderten währte der Krieg der spanischen Krone gegen die Königreiche der Mauren auf iberischem Boden, und er sollte noch bis 1492 andauern. Als im Jahr 1478 Ferdinand von Aragon und Isabella von Kastilien den Thron der vereinigten spanischen Reiche bestiegen, läutete die letzte Stunde der Mauren auf spanischem Boden. Durch ihre ständigen Unterwürfigkeitsbezeugungen gegenüber Rom hatte der Papst dem Königspaar den Ehrentitel »Reyes Católicos« verliehen.

Isabella und Ferdinand streben eine christkatholische Herrschaft an, der jetzt nur noch die Existenz des muslimischen Granada widerspricht. Dann wird auch die Führung des Königreichs Granada von den katholischen Königen zurückgetrieben nach Nordafrika, und mit diesen Ungläubigen geraten auch die Zigeuner ins fanatisch christliche Visier der Obrigkeit. Ägypter werden sie genannt, weil sie aus dem Morgenland gekommen sind und den Mauren ähnlich sehen, aber sie selbst nennen sich Roma oder Gitanos, also Zigeuner.

Es ist die Zeit, die den Niedergang Spaniens einläutet. Unter den »Moros« ist eine rigorose katholische Mission angeleiert worden, und es beginnt eine Zeit beispielloser Barbarei, die mit allen arabischen Kulturwerten abrechnet. So lässt der katholische Erzbischof Jimenez alle Bücher und Bibliotheken und Schriften der Mauren beschlagnahmen und ohne Rücksicht auf ihren Inhalt verbrennen, da sie »dem wahren Glauben entgegenstehen«. Über diese erfolgreiche »Teufelsaustreibung« heißt es später, dass so über eine Million Handschriften vernichtet worden seien – ein unermesslicher kulturgeschichtlicher Verlust.

Im Jahr 1499, sieben Jahre nach der Vertreibung der Mauren, droht das Königshaus den Zigeunern in einem Erlass, dass sie ausgewiesen würden, wenn sie nicht den christlichen Glauben annehmen, einen festen Wohnsitz nachweisen und für die Großgrundbesitzer arbeiten wollten. Dann folgt Verbot auf Verbot. Man verbietet ihnen unter Androhung der Todesstrafe, dass sie sich kleiden, wie sie es bisher gewohnt waren. Und wie den Mauren verboten wird, ihr Arabisch weiter zu sprechen und den Juden das Hebräisch untersagt wird, so verbietet man den Zigeunern den Gebrauch ihrer Sprache, des Romanes oder Caló.

»Dies Hurenland«, sagt Don Francisco, ein weißhaariger Hitzkopf, den wir gleich am ersten Tag nach unserer Ankunft im glühend heißen Andalusien kennen gelernt haben, »dies Land lässt uns Blut und Tränen vergießen. Dabei sind wir seine Kinder!«

Don Francisco Montoya, der sich »Siemprefiel« nennt, also Immertreu, und der für einen Roma-Verein arbeitet, Don Francisco ist einer von denen, die bis zum letzten Atemzug für die Wiederherstellung der Ehre der Zigeuner kämpfen würden. Eigentlich ist er immer zornig, und nur manchmal entdeckt man in seinen Augen den Schalk, das Abenteuer, die Lust am Spiel, mit der er seine Umwelt gern zum Narren hält. Später lernen wir seine Söhne kennen, Männer wie er – nur dass ihre Haare noch nicht weiß und ihre Schnauzer noch nicht grau sind.

Don Francisco sagt mit zornbebender Stimme, dass Zigeuner immer noch wie Ausländer behandelt würden in Spanien. »Und dann kommen sie mit ihren ethnischen Minderheiten. Sie sagen, in Spanien gäbe es nur drei Kulturen. Die Kastilier, die Katalanen und die Basken. Dass ich nicht lache! Es gibt mindestens vier! Was ist denn mit uns, den Gitanos?«

Don Francisco ist Sohn einer spanischen Zigeunerfamilie, die schon seit mehr als zweihundert Jahren nachweislich in der Gegend von Algeciras lebt. Also frage ich ihn, wie es möglich ist, dass Zigeuner in Spanien immer noch diskriminiert werden. »Wir werden diskriminiert, weil sie uns wie Ausländer behandeln. Wir gelten als Einwanderer. Und wir Zigeuner wollen einfach nicht hinnehmen, dass sie uns nach all den Jahrhunderten, die wir in diesem Land leben, Ausländer nennen.« Er rückt seine Krawatte zurecht und öffnet einen Knopf seines dunklen Anzugjacketts.

»Haben die Leute denn Angst vor euch?« – »Natürlich haben sie Angst. Wir sind ein selbstbewusstes Volk, wir waren immer stolz auf unsere Art zu leben. Und zu arbeiten. Aber dies ist ein autoritäres Land, hier sagt man uns, wir sollen uns integrieren. Aber wir sollen gefälligst keine Veränderungen verlangen.«

»Und das allein macht schon Angst …?«, frage ich. »Das macht den Payos Angst. So nennen wir die Gadsche. Und dann kommen sie mit ihren Minderheiten. Wenn dies Volk wirklich von den Spaniern akzeptiert würde und man in Harmonie mit uns leben wollte, dann wäre das eine intelligente Entscheidung, und zwar für alle Seiten.«

Dann lehnt sich Don Francisco genüsslich zurück und schiebt die Daumen unter die Hosenträger, die beim Zurücklehnen unter seinem Jackett sichtbar werden. »Sagt mir zum Beispiel: Was wäre, wenn ein Zigeuner in diesem Land Wirtschaftsminister wäre?« Und mit einem triumphierenden Lächeln antwortet er mit einer seiner typischen rhetorischen Fragen: »Wer sind denn die Meister des Marketing?« Und natürlich falle ich darauf herein und frage lachend zurück: »Die Zigeuner?«

»Aber ja doch! Dies Land hat mit uns doch alles, was es braucht, aber sie haben uns nie gewollt. Aus dem einfachen Grund, weil wir Ausländer sind für sie. Und alles, was von außen kommt, kann nur schlecht sein. Und ich sage euch noch etwas: Man sagt, die Erde verwandelt sich nicht in Blut. Das stimmt nicht: Die Erde verwandelt sich in Blut.«

Und mit einem dramatischen Zittern seines grauweißen Schnauzbartes fügt er dieser etwas schwer verständlichen Prophetie feierlich hinzu: »Wir Zigeuner fordern, dass sich dies Scheiß-Land endlich uns stellt. Und uns anerkennt. Wer singt denn für das Volk, was das Volk liebt? Wir, die Zigeuner!«

Und dann schickt uns Don Francisco in ein Jugendzentrum, mitten in einer Plattenbausiedlung am Rande der Stadt. »Das sieht aus wie Chorweiler«, sagt Markus, und er meint die Trabantenstadt am Rande Kölns. »Aber es ist ein Hexenkessel, und hier ist der Flamenco zu Hause«, sagt lachend Antonio, der uns mit dem Wagen bringt. »Hier wohnen die meisten Zigeuner Andalusiens.« Er übertreibt wahrscheinlich, aber Markus erblickt tatsächlich nur Menschen, denen er an der Nasenspitze ansieht, dass sie Zigeuner sind, Gitanos. Wir parken vor einem ehemaligen Geschäftslokal. Eine Gruppe von schwarzhaarigen Jugendlichen steht vor der Tür und erwartet uns.

Kaum dass wir uns in dem kleinen Raum verteilt haben, der wie ein Schulzimmer aussieht – mit einer Reihe schmucker neuer Computer an der Wand – bricht die Hölle los. Wir sind in einer Art Jugendtreff, wo auch Kurse für die jugendlichen Zigeuner veranstaltet werden. Informationstechnologie und das Internet sind natürlich die Renner, auch bei jungen Gitanos.

Die Hölle hat weder Mikrofone noch Lautsprecher: »Yo soy flamenco!«, schreien die jugendlichen Gitanos mit quälend leidender Stimme zu den abgehackten Rhythmen von zwei Gitarren und einem Keyboard, das übrigens von Antonio Santiago gespielt wird, der auch »El Duende«, also das Gespenst, genannt wird, und von dem wir erfahren, dass er keine Noten lesen kann. Aber er spielt!

Und mit ihm Ramón Heredia, der sich »El Bohemio« nennt und Gitarre spielt und José Santiago, »El Tarrasco«, dessen durchdringende Stimme alle anderen übertönt. Weit reißt er die Augen auf, mit den Händen klatscht und reibt er den Rhythmus, seine Füße bewegen sich im Takt der Musik.

Aus Marbella ist Angel Santiago Montoya auf dem Motorrad gekommen, sie nennen ihn »Yako«, er spielt Gitarre und hat ein Problem, das er sofort Markus vortragen will: »Kannst du mir eine Frau vermitteln, eine aus Deutschland? Eine Jungfrau?« Markus zuckt zusammen, als ich ihm Yakos Anliegen übersetze. »Eine Jungfrau aus Deutschland?«

Spätestens in diesem Augenblick ist Markus klar, wie eng verwandt die Sinti mit den Gitanos sind. Und dann findet er eine Ausrede, die auch Yako einleuchtet: »Wenn du eine Frau

54

aus Deutschland willst, eine Sintizza, dann musst du Romanes können ...« Yako nickt schwerfällig, aber das hat er verstanden.

Dann springt plötzlich José Luis Santiago Moreno auf und beginnt, einen klassischen Flamenco zu tanzen, von dem wir nun endlich wissen, dass er von den Zigeunern stammt. Sogar mein Wörterbuch bestätigt mir: »flamenco: spanischer Zigeuner«. Denn der Flamenco gehört den Zigeunern. Sagt jedenfalls Don Francisco, »Siemprefiel«, und bei diesen Worten zittert sein grauweißer Schnurrbart vor Stolz und Zorn.

Am nächsten Morgen übt mein Reisegefährte Markus Reinhardt wie jeden Tag in seinem Zimmer Geige, und die Möwen der nahen Meerenge von Gibraltar geben schreiend ihren Kommentar dazu. Bis in die Nacht hinein haben wir darüber gesprochen, wie wichtig die Sprache doch für die Traditionen der Zigeuner sei – und dann dies: Sie stehen zu all den alten Sitten und Traditionen, die auch Markus kennt, aber sie sprechen nicht ein Wort Caló oder Romanes. Er hat es getestet: mit Antonio Heredia und Francisco Montoya, mit Rosario Cortéz Molino und mit unserem Freund, der auch Antonio Heredia heißt und uns bei den Kontakten hilft. Nichts. Niemand spricht auch nur einen vollständigen Satz. Und doch respektieren die Jungen die Alten, werden die Ältesten gehört, gibt es Rechtsprecher – wie zu Hause, sagt Markus.

Die Sache mit den Rechtsprechern haben wir dann in La Linea de la Concepción erforscht, am Fuße des Felsens von Gibraltar, gegenüber von Algeciras. Ein Rechtsprecher ist einer der Alten der Roma-Gemeinschaften, der die Autorität hat, in Streitfällen Urteile zu fällen – bis zum Ausschluss aus der Familie, aus der Sippe, aus der Gemeinschaft. Giga Reinhardt, ein alter Onkel aus Markus' Familie, war einst Rechtsprecher im Süden Deutschlands, Markus' Großvater galt als Rechtsprecher der Sinti am Rhein.

Der Concejal de Minorías Etnicas, den wir in seinem Büro im Rathaus der Stadt La Linea besuchen, ist der Ratsbeauftragte für ethnische Minderheiten. Sein Name ist Antonio Heredia. »Schon der dritte!«, staunt Markus, und Antonio erklärt uns den Zusammenhang.

»Ich bin Zigeuner, hier aus La Linea de la Concepción, habe Zigeunereltern, Zigeunergroßeltern und das schon seit vielen Generationen, immer hier in dieser Stadt, immer unter dem Namen Heredia. Früher gehörten Zigeuner einem Eigentümer, einem Grundbesitzer oder Adeligen, und die gaben uns ihren Namen, also den Namen einer spanischen Familie.«

Markus meint, dass es dann einen ziemlich reichen Großgrundbesitzer mit dem Namen Heredia gegeben haben muss.

»Ja, und nicht nur das. Sie schickten uns auch auf die Galeeren, handelten mit uns auf dem Markt. Wir waren Sklaven, viele Jahrhunderte lang. Wir wurden verfolgt, waren ohne Schutz, hatten keine eigenen Namen mehr. Ähnlich wie das jüdische Volk und die Araber. Aber die Verfolgung des Zigeunervolkes wurde erst kürzlich in ihrer ganzen Grausamkeit aufgedeckt. Dazu gehörte eben auch, dass diese Herren uns bei sich aufnahmen, uns ihre Namen gaben: Montoya und Heredia, die in Spanien sehr typisch sind für Zigeunerfamilien. Sie sind nicht unsere wirklichen Namen, aber nach fünfhundert Jahren ...«

Inzwischen hat Markus seinen Romanes-Test gemacht und keinen Erfolg gehabt.

»Die spanischen Zigeuner werden schon seit den Zeiten der Katholischen Könige verfolgt«, fährt Antonio fort, und mir fallen die Namen Isabella und Fernando wieder ein. »Und das ist ja eines der Probleme unserer Selbstidentifikation: der Verlust der Sprache, die schon damals den Zigeunern verboten wurde – wie übrigens auch die Juden ihr Hebräisch nicht mehr sprechen durften.«

Wahrscheinlich haben Rassenkonflikte, also ethnische Konflikte, auch immer mit der Verteilung des Reichtums in einem Land zu tun – so sei das wohl in der ganzen Welt, sagt Antonio. Man wolle sich und sein Eigentum schützen, die Macht behalten, und daraus resultiere, dass man die anderen verfolgt, versteckt, in Lager bringt, ausrotten will. Antonios Worte machen einen tiefen Eindruck auf Markus. Aber dann ist er doch einigermaßen überrascht, um nicht zu sagen: entsetzt.

»Erst seit Kurzem wissen wir, dass im Dritten Reich auch Tausende von Zigeunern umgebracht worden sind. Unser eigenes Leid hier in Spanien hat uns den Blick verstellt für das Leiden des Zigeunervolkes in der Welt. Und wir schämen uns, dass wir die Verfolgung der Juden und Zigeuner in Deutschland gar nicht wirklich mitbekommen haben. In Spanien war zu der Zeit Krieg!«

Und dann erzählt er, was er von seinen Eltern und Großeltern weiß: Dass sich General Franco 1936 an die Macht geputscht hat, dass er zunächst von Nazi-Deutschland und später von Frankreich und Großbritannien anerkannt wurde, zuletzt auch von den Vereinigten Staaten von Amerika. Dies alles nach einem dreijährigen Bürgerkrieg, dessen Gräuel sprichwörtlich geworden sind. Und den der Generalissimo, wie die Spanier den Diktator nannten, gewann.

Mehr als dreißig Jahre herrschte Franco, und er war sich einig mit Hitler, dass Minderheiten minderwertig sind. Also auch die Gitanos.

»Rassismus pur! Und ich glaube, dass sich Rassismus und Fremdenfeindlichkeit immer dann zuspitzen, wenn sich das Mehrheitsvolk unsicher fühlt und sich um jeden Preis beschützen will.«

Antonio sucht in den Zeitungsausschnitten, die er auf dem Tisch liegen hat.

»Ich höre und lese immer wieder, dass die Führer der Zigeunergemeinschaften sagen: In Spanien gibt es keinen Rassismus mehr. Aber es gibt Rassisten! Heute wird Rassismus nicht gern gesehen, die Mehrheit des Volkes ist dagegen, Rassismus ist politisch unkorrekt. Und niemand möchte Rassist genannt werden. Aber fast täglich gibt es Übergriffe gegen Menschen meines Volkes, wie zuletzt in Huelva, in Cortegana, in den

Dörfern in der Nähe von Granada, und immer wieder muss die Polizei einschreiten …«

Antonio hat endlich gefunden, was er gesucht hat und zieht eine Zeitungsseite aus dem Stapel hervor.

»Da sind zum Beispiel einige Zigeuner bei einer Straftat erwischt worden, wurden auch verurteilt und kamen ins Gefängnis, und dann brannte man die Häuser aller Zigeuner nieder, die im selben Dorf wohnten.« Antonio schnauft heftig vor Entrüstung. »Sie gehen einfach immer noch von den alten Vorurteilen aus, sie wollen nicht davon ablassen, in den Zigeunern immer negative Stereotype zu sehen. Als Politiker kämpfen wir gegen diese Verallgemeinerungen, damit man uns endlich so zur Kenntnis nimmt, wie wir wirklich sind.«

Als Markus ihn fragt, wie es denn inzwischen mit der Integration der Zigeuner bestellt sei, ob es da Programme gebe, ob die Zigeuner mitreden dürften, wird Antonio richtig zornig.

»Ich brauche mich nicht irgendwo zu integrieren! Ich bin Spanier, spanischer Zigeuner. Das ist Quatsch, wenn sie sagen: Wir müssten uns in die Gesellschaft integrieren. Ich bin bereits in die Gesellschaft integriert – als Zigeuner, mit meiner Eigenheit, seit Generationen. Und wir müssen das mal so sagen, wie es ist: Spanien ist im Rest der Welt unter anderem bekannt für seinen Flamenco. Und der Flamenco ist Musik der Zigeuner!«

Da sind wir also wieder, und Markus ist beeindruckt vom Selbstbewusstsein des Ratsherrn, aber auch von der Einsatzbereitschaft der Zigeunergruppen, die offenbar den Kampf um ihre Gleichberechtigung aufgenommen haben, während die deutschen Zigeuner sich eher verstecken und nicht auffallen wollen.

Aber dann kommt Antonio auch zu den Rechtsprechern. »Wir sind die einzige Stadt in Spanien, in der es einen Ratsbeauftragten für ethnische Minderheiten gibt, also auch für Zigeuner. Außerdem gibt es alle drei Monate eine Versammlung, zu der ich einlade, auch die Nicht-Regierungsorganisationen

58

und eine besonders wichtige Gruppe, nämlich die Ältesten der Zigeunergemeinschaften, anerkannte Zigeunerführer, also das, was man die Rechtsprecher des Zigeunervolkes nennt.«

Das Telefon unterbricht ihn, gleichzeitig geht auch die Tür auf, und ein dicker, schwarzhaariger Mann steckt mit fragendem Gesichtsausdruck den Kopf herein. Nachdem er beiden, zuerst dem Telefon und dann dem dicken Mann, geantwortet hat, fährt Antonio fort: »In unserem Rat sind zehn solcher Rechtsprecher beteiligt. Nicht immer sind alle zehn anwesend, mal sind es nur acht, mal sind es zehn. Aber diese Ältesten sind immer aktiv an diesen Versammlungen und an der Vorbereitung von politischen oder sozialen Beschlüssen beteiligt.«

Als wir mit Antonio, der von allen Seiten gegrüßt wird, durch die Stadt fahren, begegnen wir Don Fernando, einem alten Herrn, der in einem dunkelgrauen Anzug mit blauer Krawatte auf einem wackligen Stuhl vor seinem Häuschen sitzt, einen breitkrempigen Hut in die Stirn gezogen. Don Fernando ist einer der Rechtsprecher, und er macht Antonio gleich darauf aufmerksam, dass von den Orangenbäumen inzwischen die Früchte auf die Bürgersteige gefallen sind. »Das muss weg«, sagt er und zeigt mit weit ausladender Bewegung auf den bunten Matsch. »Die Leute haben sich schon beschwert. Und wenn einer darauf ausrutscht!« Antonio verspricht Abhilfe. Markus zwinkert mir zu: »Genauso wie bei uns!« Die Alten haben eben noch Autorität. Und selbstverständlich werden sie sich nicht selbst die Hände schmutzig machen.

In der Stadt La Linea de la Concepción zu Füßen des Gibraltar-Felsens haben also die Rechtsprecher der zahllosen Gitanos einen Platz im Rat der Stadt. Der Ratsbeauftragte und schließlich auch der Bürgermeister hören sie in allen Fällen, die vor allem die Gitanos betreffen, und ihre Einschätzung wird im Bulletin der Stadt veröffentlicht.

Was ist Sprache? Ein Kommunikationsmittel? Vermittlerin von Kultur und Tradition? Bewahrerin der Identität? Wahrscheinlich eine Kombination von allem, und natürlich beklagen die Gitanos, dass sie nicht mehr so ohne weiteres mit den übrigen Zigeunern Europas Kontakt aufnehmen können, dass sie Fremdsprachen brauchen, um sich mit dem eigenen Volk jenseits der Grenzen zu verständigen. Aber die Kultur und ihre Traditionen vermitteln sie offenbar auch, ohne das Romanes oder das Caló zu sprechen. Markus staunt, hat er doch bisher die Sprache, das Romanes, für die eigentliche Garantie ihres Überlebens gehalten, für das einzige Werkzeug, das die Überlieferung garantieren kann.

Markus, der überzeugt war, dass die alten Sitten in Vergessenheit geraten, wenn die Zigeuner erst keine Stimme und dann auch keine gemeinsame Sprache mehr haben, ist sprachlos.

Am Busbahnhof fragt er noch einmal ausdrücklich bei Antonio nach, der verheiratet ist und zwei Kinder hat. Aber es ist tatsächlich so, sogar die Hochzeitssitten sind dieselben: die Jungfräulichkeit der Braut, die Brautmitgift. Und wer über Nacht mit einem Mädchen fortbleibt, ist, wenn er nach Hause zurückkehrt und bei deren Eltern um Verzeihung bittet, schon verheiratet.

Tanger:
Der Galeerenhafen

Fünfhundert Jahre nach dem Erlass der Katholischen Könige sitze ich immer noch in der Küche von José Montoya, dessen Familie einst natürlich einen anderen Namen trug. Aber sie mussten die Namen der Herrschaften annehmen, für die sie arbeiten, damals im 15. Jahrhundert, und viele der Montoyas und Heredias und Cortéz und Molinos im Spanien von heute sind in Wirklichkeit Zigeuner und also Nachfahren von Sklaven. So wie José Montoya und seine Familie.

Morgen wollen wir nach Tanger reisen, mit dem Schiff, auch wenn der »mulo« im Meer wohnen sollte, der böse Geist, wie die Zigeuner glauben. Wir müssen den Weg gehen, den die Zigeuner vor vielen hundert Jahren genommen haben.

Wir raten Roma-Worte: José fragt, Markus antwortet, aber es funktioniert nicht. Die Frauen schenken Kaffee ein und ziehen sich dann an den Herd zurück. Die Kinder wuseln um uns herum. In der Tür stehen die erwachsenen Söhne und mischen sich aus Respekt vor dem Vater und den Älteren nicht in unser Gespräch ein.

Ich frage José Montoya, wie denn nun die Zigeuner wirklich aus Indien nach Spanien gekommen sind – über Zentraleuropa, also Frankreich, oder über Nordafrika?

»Wir sind aus Ägypten hierher gekommen. Mit Schiffen. Auch wenn das meinen Vorfahren schwer gefallen sein muss. Eine Gruppe blieb dann hier in Andalusien, eine andere wanderte bis ins Zentrum des Landes. Wandern hatten wir ja gelernt. Schließlich waren wir ja Nomaden.« Er lehnt sich zurück und blickt Markus an, der auf meine Übersetzung wartet.

Mir fällt die Geschichte der kleinen schwarzen Sara ein, die angeblich schon zur Zeit von Jesu Tod in Südfrankreich gelebt haben soll – eine Zigeunerin?

»Nein«, sagt José Montoya und sieht zu den Frauen hinüber, an deren Herd es gerade zu brutzeln beginnt. »Die kleine Sara, unsere Schutzpatronin, die ist wohl aus Afrika hierher gekommen, möglicherweise mit Zigeunern, die schon vor zweitausend Jahren über die Straße von Tanger nach Spanien gekommen sind. Aber das ist reine Spekulation.«

Markus kennt noch eine andere Geschichte, die ich natürlich auch übersetzen muss: Dass die kleine Sara das uneheliche Kind Jesu gewesen sei und mit den heiligen Marien aus Palästina nach Südfrankreich kam, in einem Schiff, auf der Flucht vor der Christenverfolgung der Römer. José Montoya lacht. »Ja, bei den Zigeunern ist alles möglich.« Und dann denkt er noch einmal nach und lacht dann schallend: »Also stammen wir von Jesus direkt ab, wie schön!«

Am nächsten Morgen machen wir uns auf den Weg nach Tanger. Die riesige Fähre »Ibn Batouta« stampft durch die Wellen des Mittelmeers, die sich hier mit denen des Atlantiks treffen. In Algeciras habe ich Markus erklärt, dass auch der Name der Stadt, aus deren Hafen wir abreisen, arabischen Ursprungs sei – Dschazira al-Chadra, die Insel. Genauso wie übrigens der Name Andalusien vom arabischen al-Andalus herrührt.

Einst hat die Fähre im Nordmeer den Norwegern gedient, wie wir an den übermalten Namen und Zeichen sehen können. Jetzt trägt sie den Namen des größten Entdeckers der arabischen Welt und fährt mehrmals täglich zwischen Algeciras und Tanger hin und her.

»Tanger ist die Mutter aller Städte, sie ist die schönste und älteste Stadt, und sie ist die Stadt, in der ich geboren wurde«, schreibt Ibn Batouta 1330 in seinen Reisenotizen. Und dann macht er sich auf den Weg, zweiundzwanzig Jahre alt, zunächst auf eine Pilgerreise nach Mekka. »Also beschloss ich, alle meine geliebten Freunde und Freundinnen und auch mein Heim zu verlassen, wie Vögel ihr Nest.«

Ibn Batouta muss die Zigeuner getroffen haben, aber in seinen Schriften erwähnt er sie nicht. Dabei ist er die nordafrikanische Küste entlanggereist, durch den Maghreb, Libyen und Ägypten, quer durch Persien – bis nach China, übrigens nur wenige Jahre nach Marco Polo. Unterwegs besucht Ibn Batouta die von Dschingis Khan zerstörten Städte in Zentralasien, zieht mit seiner Reisebegleitung sogar an den Ufern des Flusses Sind entlang, der heute Hindus heißt, durch die ehemalige Heimat der Zigeuner, bis in die Stadt Lahore. Immer weiter nach Osten reist er.

Und er muss ähnliche Gefühle gehabt haben unterwegs, wie sie manchmal Markus hat: »Während meines Aufenthalts in China ging es mir schlecht, aber wann immer ich einen Moslem sah, fühlte ich mich, als würde ich jemanden aus meiner Familie und aus der Verwandtschaft treffen.«

Nach mehr als drei Stunden Überfahrt legt die »Ibn Batouta« am ehemaligen Fährenbahnhof von Tanger an, der ersten Station auf nordafrikanischem Territorium. Bis hierher fuhr früher die Eisenbahn, den ganzen langen Strand der neuen Stadt entlang, an den großen Hotels vorbei, die eine Art palmenbestandener Corniche säumen. Heute trägt diese Allee den Namen Spaniens und der Armee Marokkos. Man kann die Schienen noch sehen, manche Schranken liegen in der Uferböschung verborgen, aber der eigentliche Bahnhof am Rand des Kais ist verwaist. Heute fahren die Züge vor den südlichen Toren der Stadt ab: von Tanger nach Casablanca und Rabat oder über Fes nach Oujda an der algerischen Grenze.

Hier von Tanger aus setzten die Zigeuner, von denen man auch in Deutschland später sagte, dass sie aus Klein-Ägypten stammen sollten, vielleicht schon 711 mit den Mauren, spätestens aber im 14. und 15. Jahrhundert über die Meerenge von Tanger nach Andalusien über. Hundert Jahre später, wenige Jahre nach der so genannten Entdeckung Amerikas, landeten viele von ihnen wieder hier, vertrieben von der iberischen Halbinsel, dann auf Galeeren geschunden und ausgebeutet, auf dem Markt, dem Gran Socco, verkauft und aus dem Hafen unterhalb des Marktes in die damals eben erst entdeckte Neue Welt gebracht. Es war das Schicksalsjahr 1499, und es traf viele Tausende von Gitanos.

Viele flohen in ihrer Verzweiflung, segelten von hier nach Mittelamerika und in die Karibik. Oder sie wurden dorthin verkauft, als Sklaven. Wenige blieben in Marokko zurück. Heute noch leben Zigeuner überall in Nordafrika, auch im Maghreb. Überlebt hat natürlich ihre Musik, wenn sie auch eigentlich von den Arabern bewahrt wurde. Und die nennen sie ebenso natürlich ihre eigene.

In einem leeren Ausflugsrestaurant, nicht weit vom Gran Socco, hoch über dem ehemaligen Galeerenhafen, stehen wir an den riesigen Fenstern und schauen übers Meer. Links von uns, also westlich bis zum Horizont: der Atlantik, weißblau, stürmische kleine Wolken spiegeln sich im graugrünen Wasser. Geradeaus, also nördlich und deutlich sichtbar: die Küste Andalusiens, weiße Häuschen an graubraune Felsen und Hügel geklebt, zum Greifen nah.

So müssen die Zigeuner damals, als sie aus Ägypten hierher kamen, das europäische Festland gesehen haben, und wahrscheinlich haben ihnen die Mauren, mit denen sie reisten, den Zusammenhang erklärt: Dies hier ist Afrika, dort drüben, das ist Europa.

Ein Lautenspieler hat sich, ohne dass wir es zunächst bemerken, zu uns in den leeren Saal gesetzt und spielt jetzt auf seinem Instrument eine seltsam klagende und dennoch rhythmische Melodie, von der er später erzählen wird, dass sie alten arabischen Ursprungs sei. Unter uns liegen die Kasbah der Stadt, der kleine Souk und die Treppen, die hinunter ans Meer führen. Moustapha Tonzani spielt weiter auf seiner Laute, spanische Zigeuner würden wahrscheinlich sagen, er spiele Flamenco-Musik.

Nicht weit von hier sind Gräber in die Felsen über dem Meer eingelassen, auf denen Kinder spielen und Frauen Wäsche zum Trocknen ausbreiten. Portugiesen sollen hier begraben sein, aber die Grabstätten sind so alt und die Felsplatten so abgewaschen von Wind und Regen, dass man sich durchaus vorstellen kann, dass sie aus den Zeiten Ibn Batoutas und der Wanderung der Zigeuner stammen.

Auf dem Rückweg, hinunter durch die schmalen und steilen Gassen der Kasbah, kommen wir an Dutzenden von Cafés vorbei, an duftenden Garküchen und Ständen mit Gewürzen und Früchten. In den Cafés sitzen die Alten und rauchen ihre Wasserpfeifen. Dazu trinken sie Chicha, einen Tee, der mit Absinth aufgefüllt wird. Schwaden von Haschisch und feuchtem Tabak hängen in der Luft. An einer Ecke werden wir von einer Zigeunerin angehalten, die wortlos ihre Hände aufhält. Ich blicke in blutrot unterlaufene Augen, ich sehe häusliche Gewalt und bittere Armut und wahrscheinlich ein Dutzend Kinder und eine armselige Bretterhütte am Rand der Stadt, die direkt in die Wüste übergeht. Aber als ich sie ansprechen will, ist sie im Bruchteil einer Sekunde aus meinem Blick verschwunden.

Sonntagmorgen. Hunderte von jungen Männern spielen Fußball an den kilometerlangen Stränden Tangers. Ein Fußballfeld reiht sich an das nächste, und sogar die Spieler der marokkanischen Liga trainieren hier. Der Sand ist fest, der Strand ist sehr breit, und nur selten fliegt ein Ball ins Meer.

Gleich hinter den Mauern des Freihafens, da wo der Strand beginnt, turnen Gruppen von sportlichen, dunkelbraunen, schweißglänzenden, schwarzhaarigen Jungen, rotieren im abenteuerlichen Flicflac den Strand entlang und bauen Pyramiden. Es ist wie im Zirkus. Stundenlang sitzen wir im warmen Sand und schauen den Artisten zu.

Erst viel später erfahre ich, dass es sich beim Pyramidenbau um eine alte Sufi-Kunst handeln soll, die auf den Meister Sidi Hmad ou Moussa zurückgeht, einen Philosophen des 15. Jahrhunderts. Er soll diese Kunst als Kampftradition aus der Zeit der Vertreibung der Mauren und Zigeuner aus Spanien übernommen und für die Religion der Derwische neu interpretiert haben. Heute gehen junge Männer mit dieser Kunst auf Tournee und zeigen ihre haushohen Pyramiden auf den Bühnen der Welt.

Als Ibn Batouta, der Humboldt der arabischen Welt, nach Tanger zurückkehrt, nach Jahrzehnten des Reisens quer durch den damals bekannten Erdkreis, grüßt er diese »beste aller Welten, denn ihre Früchte sind vielfältig, und fließende Gewässer und nahrhaftes Essen gehen hier nie zu Ende«.

Auf der Fähre, während der Rückfahrt von Tanger nach Algeciras, lese ich noch einmal beim großen spanischen Nationaldichter Miguel de Cervantes Saavedra nach, der den »Don Quijote von La Mancha« geschrieben hat, was er denn so von den Zigeunern weiß. Und auch das ist schon über vierhundert Jahre her, wurde niedergeschrieben, als die Gitanos längst verjagt oder auf den Märkten Nordafrikas in die Sklaverei verkauft worden waren.

»Es scheint, als dass die Zigeuner und Zigeunerinnen nur deshalb in die Welt geboren werden, um Diebe zu sein: Sie werden von diebischen Eltern geboren, wachsen mit Dieben auf, lernen Diebe zu sein, um schließlich zu richtigen Dieben zu werden. Und die Lust am Stehlen und das Stehlen selbst sind ihnen unersetzliche Eigenschaften, von denen sie sich nicht trennen würden, es sei denn im Tod.«

Markus ist niedergeschlagen. Vierhundert Jahre Vorurteile, vierhundert Jahre Stereotype. Wie kann man seinen Blick auf andere Menschen – die zugegebenermaßen anders aussehen als die Mehrheit, anders leben, anders sprechen – so verengen? Woher kommt diese Borniertheit, diese bürgerliche Überheblichkeit fremden Menschen gegenüber? Was ist mit der Neugier und Offenheit, die man doch zumindest von einem Literaten wie Cervantes verlangen muss?

Bei den Zigeunern gibt es ein Sprichwort: »Sako peskero charo dikhel«, was so viel heißt wie: Jeder sieht immer nur seinen eigenen Teller. Vielleicht wäre es gut, dem Ratschlag der Zigeuner zu folgen und dann unsere Augen ein wenig weiter zu öffnen, um auch die Teller der anderen zu sehen. Über den eigenen Tellerrand hinaus.

Aber wahrscheinlich ist es noch einfacher, die Zigeuner danach zu fragen, warum man ihnen die Sprache genommen hat.

José Montoya, in dessen Küche wir zurückgekehrt sind, antwortet sofort: »Ganz einfach. Weil wir Zigeuner uns nicht bei den Weißen integrieren wollten, und durch die Weißen haben wir all unsere Reinheit verloren. Durch sie haben wir auch alles andere verloren, aber eben vor allem unsere Reinheit. Das war unser Reichtum, und diesen Schatz besitzen wir heute nicht mehr.« José Montoya, den sie in der Nachbarschaft auch Tio José nennen, Onkel José, und der nach dem Tod seines Vaters seine vierzehn Geschwister mit aufgezogen hat, war wahrscheinlich noch nie so ernst.

»Durch die Sprache sollten wir gezwungen werden, unsere Identität aufzugeben und uns zu integrieren.«

Und nach einer Weile fährt er fort. »Damals gab es nur den Himmel und die Erde. Dazwischen lebten wir. Heute waren wir hier, morgen an einem anderen Ort. Inzwischen sind wir integriert worden, wir haben ein Haus, wir sind auch Weiße geworden. So wie die anderen Menschen, die nicht Zigeuner sind, die Payos. Wir sind Payos geworden. Aber wir haben einige Sitten retten können, doch, manches ist sicher noch wie früher. Aber ich würde sagen: Die Hälfte unserer Traditionen ist verloren.«

»Ich hab immer gedacht, wenn man die Sprache verliert, dass man dann auch die ganze Kultur verliert.« Markus meldet sich zu Wort, und ich übersetze.

»Vor fünfzig Jahren hatten wir noch den ganzen Reichtum unserer Kultur«, antwortet José. »Aber in weiteren fünfzig Jahren wird alles verloren sein. Weil wir uns dann vollständig integriert haben werden. Und trotzdem werden wir weiterhin diskriminiert werden. Viele von uns sind der irrigen Ansicht, dass das aufhört, wenn wir uns nur integrieren. Aber bisher haben wir nichts gewonnen.« Und plötzlich bricht es aus ihm heraus: »Ich hätte lieber einen Pferdewagen als dieses Haus!« José Montoya ist wütend, und man muss wissen, dass er hin und wieder mit Pferden handelt. Davon verstehen viele Zigeuner was.

»Wenn die Zigeuner in Spanien eine eigene gemeinsame Sprache hätten, was wäre dann anders?« Ich stelle eine meiner berüchtigten und zumeist überflüssigen Fragen nach den Alternativen, die es eben nicht gibt. Aber vielleicht will ich auch einfach nur auf friedliches Territorium zurück.

»Dann wäre alles anders. Ich und der da«, er zeigt, jetzt laut lachend, auf Markus. »Wir würden dich völlig durcheinander bringen. Markus ist doch noch ein richtiger Zigeuner, nicht so einer wie ich, der ich die Sprache nicht mehr spreche.« Man hört Neid und Trauer aus seinen Worten. »Es tut mir weh, dass ich mit dir sprechen muss, statt mit ihm. Warum? Weil ich nicht direkt mit ihm sprechen kann, er versteht mich nicht, und ich verstehe ihn nicht.« Und nach einer Pause: »Ganz ehrlich, statt mit dir würde ich lieber mit ihm sprechen. So nett du ja bist. Und ich will dich auch nicht diskriminieren, nein, nein, das ist keine Diskriminierung!«

Ich widerspreche: »Ein bisschen schon!«

»Nein, nein, nein!« Jetzt sprechen und lachen alle durcheinander, auch die Frauen sind vom Herd zu uns an den Küchentisch gekommen. »Es wäre das Schönste auf der Welt, wenn ich jetzt mit Markus sprechen könnte. Und er mit mir. Ein Dialog. Jetzt ist er in meinem Haus, wer weiß, bald bin ich vielleicht in seinem Haus. Und da schäme ich mich eben, dass ich mich nicht mit ihm unterhalten kann.« Ich beeile mich, seine Worte für Markus zu übersetzen, der auch gleich antwortet:

»Das ist wirklich schade, das finde ich auch! Wenn ich hier bei euch komme, dann ist das so, als wenn ich bei uns zu Hause komme.« Vor Aufregung ist er in sein Zigeunerdeutsch verfallen.

»Si, si, por supuesto!«, schallt es ihm aus der Runde entgegen.

»Diese ganze Gestik, diese Situation, wie wir auch jetzt in der Küche sitzen, und die Kinder kommen rein, wenn Fremde kommen, und die Frauen am Herd. Da in der Tür stehen deine Söhne. Das ist so schade, dass wir nicht miteinander sprechen können!« Markus breitet mit einer unendlichen Geste der Trauer seine Arme aus.

Und José Montoya sagt, während ich versuche, gleichzeitig zu übersetzen: »Ich würde jetzt gerne sagen, ich geh jetzt mit dir nach Deutschland und besuche dich und deine Familie!«

Und Markus: »Genau! Absolut! Und wenn du zu uns kommen würdest, würdest du mit offenen Armen empfangen werden!«

Straßburg und Köln:
Dann kamen die Lastwagen

»Ja, sicher kann ich mich noch erinnern.«

Soni Mettbach aus Straßburg lehnt sich in seinem schweren Polstersessel zurück und blickt an die holzvertäfelte Decke. Er zieht seinen dunkelbraunen Pullover fester um die schmalen Schultern und sieht mich dann an: »Deutschland, Rheinland, das Reisen war uns damals noch gestattet zu Hindenburgs Zeiten, soweit ich mich entsinnen kann. Und wir warteten kaum den Sommer ab, dann wurde auch schon eingehängt, besser gesagt: angespannt. Wir hatten ja regelrechte Wohnwagen, die waren aus Brettern hergestellt, mit einer Plane drüber, später kam man schließlich auch zuletzt auf Gummireifen, aber das dann erst nachträglich. Ja, und so reisten wir dann von Ort zu Ort.«

Wir besuchen Soni Mettbach auf dem Polygone, dem großen Zigeunerplatz vor den Toren von Straßburg, wo Sinti und Roma, Gitanos und Tziganes das ganze Jahr über ihre Wagen aufstellen dürfen. Soni ist der Onkel von Markus Reinhardt, genauer gesagt: der Bruder von Markus' Mutter. Er hat sich in Straßburg niedergelassen und ein Haus gebaut, gleich neben dem Platz, weil er eine besondere Stellung hat unter den Zigeunern – unter den deutschen ebenso wie unter den französischen. Soni organisiert seit dem Ende des Zweiten Weltkriegs die großen Wallfahrten im Elsass, an denen Tausende von Zigeunern und Gadsche teilnehmen.

Der Polygone war damals eine der ersten Enttäuschungen, die Markus in meiner Gegenwart erlebte – eine Enttäuschung der Verständigung.

Wir waren nach Straßburg gefahren, um Soni zu besuchen,

und wir fuhren über den riesigen Polygone, der im Sommer voller großer Campingwagen steht: Zigeuner aus ganz Europa machen hier Station, und viele französische Zigeuner wohnen hier auch über längere Zeit.

»Wo wohnt denn hier der Soni?«, fragte Markus auf Romanes eine Gruppe von Männern, die rauchend unter einem Vorzelt standen, die Hände typischerweise bis zu den Ellbogen in den gebügelten Hosen vergraben, und die uns neugierig beobachtet hatten. Sie zuckten die Schultern, und erst als ich die Frage auf Spanisch wiederholte, gaben sie uns Antwort und wiesen über den Platz hinaus ans andere Ende des von Hunderten Campingwagen besetzten Geländes.

Auch als wir einige Minuten später in einer Sackgasse zwischen den Wagen landeten und keinen Ausweg fanden, musste ich, diesmal auf Französisch, den Weg erfragen. Markus und sein Romanes kamen bei den Zigeunern des Polygone nicht an. Es war eine bittere Enttäuschung für Markus. Aber sie wiederholte sich immer wieder auf unseren Reisen, und langsam begriffen wir, warum die meisten Zigeuner Europas ihre ursprüngliche Sprache nicht mehr sprechen.

Sonis Tochter hat ihm eine Tasse Kaffee gebracht, und während der Alte wartet, dass der Kaffee ein wenig abkühlt, erzählt er weiter. Markus, der all diese Geschichten seit seiner Kindheit kennt, hat sich unter das Vordach des Hauses zurückgezogen und übt auf seiner Geige.

»In die Städte kamen wir gewöhnlich selten, es sei denn, es war ein Markt, ein Pferdemarkt, zum Beispiel wie in Bonn der Pützchens-Markt. Da trafen sich nämlich alle, die ganze Sippe, aus Frankreich, Belgien, Holland und Deutschland, denn jeder wollte sein Pferd an den Mann bringen oder einen Tausch machen und zur gleichen Zeit auch die Bekannten treffen, die man seit ewigen Zeiten nicht mehr gesehen hatte.«

Soni hält inne, trinkt von seinem Kaffee, lauscht kurz auf das Spiel von Markus' Geige, lächelt versunken und fährt dann fort.

»Hin und wieder fuhren wir also auch in die Städte. Man wurde auch besser geduldet, naja, damals ging das ja nicht so wie heute. Wir reisten von Norden nach Süden und von Osten nach Westen, immer unterwegs. Meist lebten wir außerhalb des Dorfes, und da war man gezwungen, mit mehreren zusammenzuleben, damit man sich schützen konnte. Und die Sitte verlangte es auch, dass man mit seinen engsten Verwandten zusammen fuhr.«

Ein paar Mal waren wir mit dem Wohnwagen unterwegs, Markus und ich, nie brauchten wir zu kochen oder für irgendetwas sonst zu sorgen. Rund um unseren Wagen standen die übrigen Caravans, und da waren immer die anderen Familien gleich nebenan, und die Frauen riefen uns zum Frühstück, wann immer wir aufstanden, und die Männer warteten darauf, dass wir mit ihnen in die Wirtschaft gingen. Überall waren Kinder, und alle gehörten zu einer Familie, zu einem Stamm, wie Soni sagen würde. Die Wagen wurden im Kreis aufgestellt, mit den offenen Türen zueinander, damit man einander sehen konnte. Und in der Mitte wurde ein Feuer gemacht, das die ganze Nacht brannte. Wir Männer standen dann abends um das Feuer herum und sprachen nur leise miteinander, um die Frauen und Kinder nicht zu wecken, und meistens brach der Tag an, bevor wir uns in unseren Wagen zurückzogen und in die Betten gingen.

»Ich glaube, die Zigeuner sind dafür bekannt, wie sie andere Menschen empfangen.« So hat das Sonis jüngerer Bruder Rigo, der nun auch schon viele Jahre tot ist, einmal zusammengefasst. Wir hatten lange und ausgiebig gegessen, Köstlichkeiten der elsässischen Küche, und jetzt saßen wir vor dem Haus in den letzten Strahlen der Abendsonne und rauchten. »Und das ist sehr wichtig. Ob nun ein Gadscho zu Besuch kommt oder ein Zigeuner, für einen Zigeuner macht das keinen Unterschied. Jedermann ist immer herzlich willkommen. Und unsere Türen stehen immer offen.«

Und dann hatte er sich zu mir gedreht und sich in Französisch direkt an mich gewandt: »Du bist zum Beispiel heute

Abend zum ersten Mal bei mir, ich habe dich vorher nie gesehen, ich weiß nicht einmal mehr, wie du heißt. Und doch bist du hier zu Hause. Du kommst einfach, du meldest dich nicht an, du bist da. Und du wirst einfach aufgenommen. Das ist, glaube ich, wirklich wichtig.«

Damals war ich sehr stolz, dass ich ganz offensichtlich zur Gemeinschaft der Sinti dazugehörte. Oder doch zumindest als Gadscho in der Gemeinschaft der Sinti willkommen war.

Soni erzählt weiter von seiner Jugend und seiner Familie, von der Zeit vor dem Zweiten Weltkrieg. Er ist in Köln geboren und aufgewachsen. Und er spricht Deutsch mit mir, obwohl er selbstverständlich auch Romanes und die Sprache seiner Gastgeber, Französisch, beherrscht.

»Ich ging noch zur Schule und wollte eigentlich erst Akkordeon lernen, aber Akkordeon war zur damaligen Zeit ein bisschen schwer zu erwerben, das heißt, ein Akkordeon war teuer, ging also nicht, konnte ich mir nicht erlauben. Ich war ja noch ein junger Bube, gerade schulreif, wenn ich mich richtig erinnere. Aber eine Gitarre war zu Hause vorhanden. Ich probierte das ein paar Mal, und schließlich fand ich, dass mir das lag, das Gitarrespielen. Mein Vater war einer der besten Instrumentenbauer, würde ich sagen, von unserem Stamm, ein Meister im Reparieren von Instrumenten, Saiteninstrumenten, Geigen, Gitarren und so weiter. Er war selbst in Köln bei einigen Geigenbauern, die nun nicht mehr leben, sehr bekannt und beliebt. Und nebenbei handelte er natürlich mit Pferden. Aber vorwiegend betätigte er sich mit Instrumenten. Daher auch, dass ich mit der Musik so zusammenkam.«

Die Frauen hatten mindestens ebenso viel zu sagen wie die Männer, auch wenn damals niemand von Gleichberechtigung sprach. Die Männer waren oft tagelang fort, auf Märkten, unterwegs zu anderen Geschäftsleuten. Die Frauen gingen von Haus zu Haus, verwalteten das Haushaltsgeld, erzogen die Kinder, sorgten für die Familie. Und oft war die Familie zahlreich.

»Ja, meine Mutter, die machte den Haushalt, üblich war es

ja damals schon, da gab es die Frauen, die hatten solche Henkelkörbe und gingen hausieren und verkauften Decken und Spitzendeckchen und so was, manche stellten sie ja sogar selbst her.« Soni blickt mit weit offenen Augen in die Vergangenheit. »Nun, was meine Mutter anbetraf, die beschäftigte sich vorwiegend mit dem Haushalt, weil wir sehr viele Kinder waren. Wir waren acht damals, acht Geschwister.«

Und völlig unvermittelt beginnt Soni die Geschichte des Grauens zu erzählen, die so viele Zigeunerfamilien in Deutschland, Polen, Tschechien, Ungarn, Holland und Frankreich wie im Schlaf überfiel.

»Nun, in meiner Jugend, da kamen plötzlich einige Lastwagen, die fuhren hier zur damaligen Zeit, wo wir nicht mehr reisen durften, in Köln vor und luden sämtliche Männer auf. Viele wurden wieder entlassen, aber manche kamen nicht mehr zurück, das war damals, zu Hitlers Zeiten.«

Wir sind nach Köln zurückgefahren, zu Markus' Familie, die in einem einfachen, kleinen Haus auf einem Platz wohnt, der rundum bebaut ist mit ebensolchen einfachen, kleinen Häusern. In allen wohnen Sinti. Die Stadt Köln hat sie für die Zigeuner gebaut, weil diejenigen, die nach dem Krieg aus den Konzentrationslagern zurückkamen, zunächst jahrelang Zuflucht in alten Eisenbahnwaggons gefunden hatten, die auf einem Sportplatz aufgestellt worden waren. Auch Markus ist in einem Eisenbahnwaggon aufgewachsen.

Aber Eisenbahnwaggons, das war in der sensiblen, toleranten Stadt Köln sehr schnell klar, waren nicht mehr angesagt. Also ließ man kleine Häuser bauen.

Tutti Reinhardt ist Markus' Vater, er ist Sonis Schwager, und er war damals dabei. Er zögert zunächst, aber er hat die Geschichte auch seinen Kindern immer wieder erzählt. Und ich will sie hören.

»Wie ich weggekommen bin, war ich elf Jahre alt. Das waren bestimmt fünfhundert Personen, nur von Köln. Da kamen vielleicht zurück …«

Tutti überlegt lange, bevor er weiterspricht.

»Hundert. Also nur von Köln, Zigeuner. Von jeder Familie fehlten ein paar, von mir sind zwei Onkels erschossen worden, einer mit seiner ganzen Familie, also von jeder Familie fehlten immer ein paar ...«

Alles begann mit dem Ausbruch des Krieges, mit dem Überfall auf Polen. Und mit dem Rassenwahn der Deutschen.

»Ja, wir sind 1939 in eine Zigeunerschule gekommen ...« Wieder denkt Tutti nach, bevor er in seinem ganz eigenen Deutsch fort fährt. »Und wir waren erst vorher in einer deutschen Schule, da ist dann 1939 eine Zigeunerschule für uns gemacht worden. Neben uns war auch eine jüdische Schule. Und 1940 sind dann die jüdischen Schulen aufgelöst worden, und da haben wir das Fräulein gefragt: Wo sind die Kinder hin? Da hat die gesagt: Na, die haben Ferien. Wir dachten uns ja: Das kann vielleicht stimmen. Aber dann vergingen zwei Monate, drei Monate, ja, so lange konnten die ja keine Ferien haben. Ja, später kam das dann: Morgens früh ist dann auch bei uns alles umstellt worden, also, da kamen viele Polizisten und SS-Leute, und einer der Obersten hat dann gesagt, wir kommen nach Polen, wegen den Bombenangriffen. Wir haben das zuerst geglaubt. Ja, aber dann haben wir gedacht: Aber dann muss doch die ganze Stadt nach Polen kommen! ... Dann sind wir alle gesammelt worden, drüben in Deutz, da kamen viele Zigeuner, aus Düsseldorf, Duisburg ...« Tutti fallen Namen ein, andere Kinder aus seiner Familie, dann sagt er plötzlich: »Wir haben ja gar keine Ahnung gehabt, weshalb, also was für Menschen wir sein sollten.« Tutti macht eine lange Pause.

»Wir sind ja alle in Deutschland geboren, die Eltern, die Urgroßeltern.« Er klingt immer noch so, als verwunderte und erstaunte ihn das Verhalten der Deutschen damals wie heute.

»Wie wir dann nach Polen gekommen sind, da ist uns dann gesagt worden, weil wir Zigeuner sind, und die sind Juden. Und die Rassen werden vernichtet. 1943 hat ja der Himmler dann den Befehl gegeben, dass jeder Unarische, der musste halt weg. Wie wir dann nach Polen kamen, haben wir gesehen, was los ist. Da sind wir dann ausgeladen worden, die meisten Lager waren noch nicht fertig, da haben sie Arbeitslager gemacht und nachher Judenghetto. Da sind wir auch reingekommen, Stellungbau machen, Panzergraben später. Und Anfang Juni ist dann das Lager gebaut worden: Treblinka. Wir haben ja auch Glück gehabt, dass der Russe schneller reingekommen ist, sonst wäre ja soundso keiner mehr am Leben gewesen. Und manche haben noch mal Glück gehabt, die davongekommen sind, und wir haben auch Glück gehabt, dass der Russe so schnell hereingekommen ist, sonst wäre ja auch keiner mehr am Leben gewesen.«

Ich frage Tutti, ob er als kleiner Junge verstanden hat, was da passierte.

»Als Kind hat man ja nie so Angst, ich war ja dann dreizehn, vierzehn Jahr alt, als Kind hat man nicht so eine Angst wie als Erwachsener. Aber natürlich: Der Hunger war so groß! Da haben wir dann Kartoffeln gestohlen. Und da haben natürlich die meisten gefragt: Wo habt ihr die denn her? Na, wir konnten ja nicht sagen, wir können da durch den Zaun, da auf die Felder gehen. Wir wären ja dann bald erschossen worden!«

Wir sitzen in der Küche der Familie Reinhardt in Köln, auf Kiefernbänken mit bunten Kissen, vor uns dampfen Kaffeetassen, die Schnacka, Markus' Mutter, wortlos vor uns hingestellt hat. Markus' Schwester Monika spült das Geschirr vom Mittag und versucht dabei, so wenig Lärm wie möglich zu machen.

»Die Polen waren gegen die Häftlinge sehr freundlich. Die Deutschen hatten ja überall auch Plakate hingeklebt, wer einen Häftling aus dem Lager, also praktisch nur Zigeuner, Juden – die wussten ja, dass die Kinder meistens rauslaufen –, wer einen da aufnimmt, der wird sofort erschossen, dem wird das ganze Haus abgebrannt. Das wussten die meisten Polen auch. Trotzdem, wir haben dann einen Bauern da gekannt, zu dem kamen wir dann sehr oft. Die Frau hatte vier Söhne gehabt, und wenn wir dann bei dem Bauern kamen, dann war die Frau jedesmal am Weinen. Wie gerne hätte sie uns geholfen! Und natürlich, die Frau konnte uns ja nicht dabehalten, wir hatten ja im Lager unsere ganze Verwandtschaft! Als der Russe uns dann befreit hat, da hat die Frau bestimmt gedacht, jetzt sind sie alle erschossen worden, die armen Kinder.«

Und nach kurzem Nachdenken sagt Tutti ganz bestimmt und voller Sehnsucht: »Ich wäre sehr froh, wenn ich wieder mal nach Polen fahren könnte, und die Frau bei dieser Familie, da möchte ich gern mal wieder hinkommen, die würde ich gern besuchen.«

Wir trinken unseren Kaffee, Schnacka schenkt nach, und Tutti schildert die letzten Stunden des KZ Auschwitz-Birkenau.

»An einem Morgen, als wir dann aufgestanden sind, haben wir gesehen, wie die Wachmannschaften abgehauen sind. Wir haben gedacht: Was ist jetzt los? Und das ging alles so blitzesschnell, es dauerte gar nicht lange, da waren die Russen schon da. Und wie die Russen hereinkamen, waren die auch erstaunt.«

Manchmal beschreibt Tutti die Dinge so, wie er sie als kleiner Junge erlebt hat. Mit denselben Worten und Gefühlen, und vor allem: mit einem unerschütterlichen Vertrauen in die Menschen, die ihnen, den Zigeunern im Lager, wohlgesonnen waren.

»Die Russen haben uns dann gesehen und waren ganz verwundert, Zigeuner anzutreffen. Denn die Russen mögen uns Zigeuner sehr. Das ist uns aufgefallen. Die haben uns gesehen da, und die waren uns gegenüber sehr gut. Auch die ganzen anderen Häftlinge. Haben uns da herausgeholt, nun, es war auch noch Krieg. Also haben sie uns untergebracht, und wir haben was zu essen bekommen, bis der Krieg nachher vorbei war. Dann sind wir wieder nach Deutschland gekommen.«

Tuttis Augen leuchten, und man möchte ihm glauben, dass

er immer noch an die Güte der Russen und Polen denkt, auch jetzt noch, nach mehr als sechzig Jahren.

»Ja, das habe ich den Kindern erzählt, und deshalb, der Jüngste von mir, wenn er Soldaten sieht, da fragt er mich: Was sind das für Soldaten, Russen oder Amerikaner? Da sage ich dann: Ja, das sind Russen. Dann sagt er mir: Ah, das sind die, die euch befreit haben.« Tutti strahlt.

Freiburg im Breisgau:
Unsere Zeit ist vorbei

Der alte Rechtsprecher Giga Reinhardt aus Freiburg erzählt.

»Das war im sechzehnten Jahrhundert, dass wir, die Familie Reinhardt, durch Europa zogen und überall zu Hause waren. Wir machten vor allem Musik – an den Höfen dieser Zeit, und schließlich heiratete eine von uns einen Ritter. Und so wurden wir für viele Jahre sesshaft, bis die Zeit kam, dass wir wieder loszogen. Es hielt uns nicht in den Häusern und Burgen. Und so wanderten wir, bis das 20. Jahrhundert anbrach. Und mit ihm Industrie und Verwaltung. Jetzt geht unsere Zeit zu Ende.«

Der alte Giga räuspert sich und schließt wie ein Seher die Augen.

»Ich denke oft an die vergangenen Jahrhunderte zurück, weil wir damals noch stolz waren und wussten, warum wir Zigeuner sind.«

Groß und gebeugt war er mir damals entgegengekommen, als Markus und ich ihn in seiner Wohnung in Freiburg besuchten, wie jemand, der immer aufpassen muss, dass er sich den Kopf nicht stößt. Weiß das Haar, voller feiner Falten das Gesicht, lang und bleich die Hände. Er hatte uns freundlich aufgenommen, ein vornehmer Mann im dunklen Anzug, und er verlor kein Wort an seine Tochter, und dennoch stellte sie kurz darauf den Kaffee vor uns auf den spitzentuchgedeckten Tisch. Wir saßen in der Wohnküche, wie überall, wo ich Zigeuner besuche, und nachdem Gigas Tochter noch ein paar Kekse auf den Tisch gestellt hatte, verließ sie den Raum, um nicht zu stören.

Markus weiß nicht, dass ich später, in den Wochen vor Gigas

Tod, mehrmals mit dem Zug von Köln nach Freiburg gefahren bin und seinen Großonkel besucht habe, der dort im Krankenhaus lag. Als wir ihn einen Monat zuvor gemeinsam besucht hatten, da war er noch zu Hause gewesen, gepflegt von seiner Tochter. Aber dann wurde es immer schlimmer mit dem Krebs, und schließlich mussten sie ihn ins Krankenhaus bringen, wie mir die Tochter am Telefon erzählte. Seitdem besuchte ich ihn. Und der alte Rechtsprecher erzählte mir seine Geschichte.

»Geboren bin ich in den letzten Jahren des vergangenen Jahrhunderts, genauer gesagt: im Jahre 1897. Und erst nach dem Weltkrieg, als wir Überlebenden zurückkamen, nannten sie mich Rechtsprecher. Vielleicht weil ich mehr erlebt hatte als die anderen, vielleicht weil ich ruhiger war, jedenfalls vertrauten sie meinem Urteil.«

Giga lehnt sich mit geschlossenen Augen in seine Kissen zurück – vielleicht sieht er besser in die Vergangenheit, wenn er die Augen schließt. Seine Stimme ist leise und heiser, seine Hände liegen auf der Bettdecke, weiß und schmal.

»Aber ich habe schon lange kein Recht mehr gesprochen. Früher, da war das so: Man brachte denjenigen, der Unrecht getan hatte und gegen den man etwas vorbringen wollte, zu mir. Dann kamen zwei, die übernahmen seine Partei, das waren also seine Verteidiger. Und zwei weitere standen mir zur Seite. Und wenn ich mich mit meinen Beisitzern beraten hatte, sprach ich Recht, also das Urteil. Und dann wurde derjenige, der sich etwas hatte zuschulden kommen lassen, beispielsweise für drei Monate oder auch zwei Jahre aus der Gemeinschaft der Sinti ausgeschlossen. Niemand sprach mehr mit ihm oder aß an seinem Tisch. Oder er wurde ganz ausgeschlossen. Dann war er kein Sinto mehr, dann war er ehrlos.«

Giga freute sich, wenn ich kam. Und er wusste, dass ich Journalist bin und ein Freund seines Großneffen. Er hatte nur eine Bedingung: Dass ich die Gespräche mit ihm nicht auf Tonband aufnähme. »Ich will nicht, dass meine schwache

Stimme, die von der Krankheit gezeichnet ist, meinen Nachkommen überliefert wird.« Und ich hatte zugesagt. Immer im Zug, während der Rückfahrt von Freiburg, schrieb ich also nieder, was Giga Reinhardt mir erzählt hatte.

»Ich habe schon lange keinen Richterspruch mehr gefasst, man kommt nicht mehr zu mir, oder anders: Die Beschuldigten kommen nicht mehr, um ihren Richtspruch zu hören. Sie geben nichts mehr auf die Sprüche der Älteren. Aber sie leben auch nicht mehr wie die Sinti. Ich bin die meiste Zeit meines Lebens herumgereist, und ich bin der Meinung, dass das einen richtigen Sinto ausmacht: das Reisen. Wer nichts von dieser Welt sieht, weil er in seinem Haus sitzt oder auf einem Platz, den er nie verlässt, der ist kein richtiger Sinto. Und ich war einer von denen, die viel herumgereist sind: Wir sind quer durch Deutschland, durch Frankreich, durch Belgien und Holland gezogen. Schwierigkeiten gab es eigentlich keine, nein, außer denen, die wir selbst verursacht hatten. Weil einer gestohlen hatte. Oder weil einer zu viel getrunken hatte. Und weil es oft zu Schlägereien in den Wirtshäusern kam. Wir haben diese Rechtsbrüche selbst verfolgt, nicht, weil wir die armen Gadsche schützen wollten. Nein, wir wollten uns selbst sauber halten von unfeinen Elementen, von Trinkern und Schlägern und Dieben und Räubern.« Giga seufzte. Dann fuhr er entschlossen fort.

»Wenn du einem Dieb begegnest, und er sieht vielleicht sogar aus wie ein Zigeuner, dann weißt du, dass das kein Sinto sein kann. Vielleicht war er einmal einer, aber er ist sicher keiner mehr. Wir haben ihn ausgeschlossen, weil er ein Dieb war. So war das damals.«

Giga Reinhardt war müde geworden, das Sprechen strengte ihn an, und ich verabschiedete mich für diesmal. Bei meiner nächsten Reise nach Freiburg las ich meine Aufzeichnungen, bevor ich ihn im Krankenhaus besuchte. Und ich nahm mir vor, ihn zu fragen, warum er so bitter von den Zigeunern sprach – seinen Zigeunern.

»Heute – heute sind wir niemand mehr.« Giga sprach leiser als sonst, vielleicht war er erschöpft von den vielen Tabletten, vom vielen Sprechen oder von einem langen, anstrengenden Leben.

»Oder anders: Wir sind diejenigen, die unter den erbärmlichsten Bedingungen und ohne Bildung und ohne Zukunftschancen und ohne Anerkennung durch irgendjemanden vor uns hin leben und auf den Tag warten, an dem dies alles vorbei ist. Dabei tun wir so stolz! Wir sitzen in unseren Campingwagen und reden im versoffenen Gespräch schlecht über diejenigen, die gerade nicht anwesend sind. Und wir bedenken nicht, dass wir kein bisschen besser sind. Wir machen uns über die Gadsche lustig und leben doch längst wie sie. Mehr noch: Wir wünschen uns oft, dass es uns genauso gut geht wie denen. Und dann versuchen wir, es ihnen nachzumachen. Und was haben wir am Ende? Alles verloren. Wir sind weder Gadsche noch Sinti.«

Ich versuchte ihm zu sagen, dass ich morgen oder übermorgen wiederkommen könne, wenn er heute zu erschöpft sei, mehr zu erzählen. Aber er winkte mit seinen großen, feingliedrigen Händen ab, schwach aber entschieden.

»Wir Sinti waren einmal sehr stolz. Aber dieser Stolz ist dem Müßiggang gewichen. Wir brauchen für nichts mehr zu sorgen, auf das wir dann stolz sein könnten. Für alles sorgen die Sozialämter und Fürsorger und Ehrenamtlichen und all die anderen, die den Zigeunern so wohlgesinnt sind. Und so wissen wir schließlich nicht mehr, was uns als Zigeuner ausmacht. Und wir verlieren unsere Ehre, die ja eigentlich unsere Heimat ist.«

Wie oft haben wir über die Heimat der Zigeuner gesprochen, darüber, dass sie kein Land haben, das ihnen gehört, dass sie aber eine Heimat haben in ihrer Sprache, wie Markus sagen würde. Und Giga sagte, die Heimat der Zigeuner sei ihre Ehre.

Genau das haben die »Zigeunerforscher« im Dritten Reich getan: die Ehre oder besser: die Sitten der Zigeuner erforscht, auch ihre Tradition der mündlichen Übermittlung und ihre Sprache. Robert Ritter wurde zum obersten »Zigeunerforscher« ernannt und schrieb dann gehorsam irgendwann in seinem »Programm zur Aussonderung von Zigeunern«:

»Die Zigeunerfrage kann nur gelöst werden, wenn die Mehrheit der asozialen und unnützen auch Halb-Zigeuner in großen Lagern zusammengefasst und zur Arbeit verpflichtet worden sind. Sodann müssen sie daran gehindert werden, sich fortzupflanzen. Erst dann kann das deutsche Volk und seine nachfolgenden Generationen frei sein von dieser Bürde.«

Und Walter Groß, Leiter des Rassenpolitischen Amtes der NSDAP, sekundierte vor Parteigenossen in einem Vortrag, der auch im Radio gesendet wurde, im grauenerregenden Jargon der Nazis, in der Sprache der Unmenschen:

»Was hier Not tut, ist zweierlei. Erstens: Die vorhandenen asozialen Individuen hart anzupacken. Das ist Aufgabe der Polizei. Zwotens: Dafür zu sorgen, dass diese vorhandenen Asozialen nicht neue erzeugen! Bekanntlich sind sie überdurchschnittlich fruchtbar gewesen von jeher. Und hier ist eine biologische Maßnahme, nicht eine polizeiliche notwendig. Hier ist Ausschaltung aus dem Erbgang erforderlich. Dafür ist aber notwendig, meine Parteigenossen, dass man den asozialen Personenkreis kennt. Und deshalb ist eine Asozialenkartei ein dringendes Erfordernis.«

Im Januar 1943 werden dann nach einem Erlass des Reichssicherheitshauptamtes die ersten »Zigeunermischlinge, Rom-Zigeuner und balkanische Zigeuner« in ein Konzentrationslager eingewiesen. Die Einweisung erfolgt »ohne Rücksicht auf den Mischlingsgrad familienweise in das Konzentrationslager Auschwitz«.

Die Assistentin des berüchtigten Robert Ritter, Eva Justin, schreibt zu jener Zeit vor dem Hintergrund ihrer Zigeuner-Forschungen ihre Doktorarbeit. Sie hat dazu Sinti und Roma »rassenbiologisch« vermessen und medizinisch untersucht und empfiehlt nun, die Frauen zu sterilisieren.

»Das Zigeunerproblem ist nicht mit dem Judenproblem vergleichbar. Die Zigeunerfrage ist ein Teil des Asozialenproblems. Nie kann die primitive Zigeunerart das deutsche Volk als Ganzes in irgendeiner Weise gefährden. Wenn man also diesen wenigen, von uns erzogenen und sozial angepassten Zigeunern ein Verbleiben in ihren bisherigen Verhältnissen zubilligen will, so muss man doch vom rassenhygienischen Standpunkt eine Unfruchtbarmachung dieser Menschen fordern.«

Und Heinrich Himmler, »Reichsführer-SS«, formuliert das bei einer Ansprache »vor dem deutschen Volk« konsequent im Sinne der so genannten Rassenhygiene:

»Ich glaube, wir sind das uns selbst und unserem Volk schuldig. Denn wenn so viel fremde Blutstropfen in unserem Volkskörper kreisen würden, dann wäre das für uns die Herabminderung des größten Wertes, den wir haben, nämlich unseres Blutes.«

Aber die Nazis machen nicht nur die Frauen unfruchtbar. Im Konzentrationslager Ravensbrück werden auch alle Sinti-Kinder sterilisiert.

Mit der Erforschung der Traditionen der Zigeuner und ihrer Sprache finden die so genannten »Zigeunerforscher« den Schlüssel zur Identität der Sinti und Roma, und sie erkennen, dass in der Vermittlung vom Großvater zum Vater und vom Vater zum Sohn die eigentliche Grundlage des Zigeunerlebens besteht, dass also das Überleben der Zigeuner von diesen Alten abhängt.

Da gehen sie hin und bringen die Alten um.

Auschwitz ist das erste Lager, in das Zigeuner verschleppt werden. Buchenwald, Kulmhof, Bergen-Belsen, Lodz, Treblinka, Sobibor, Majdanek, Chelmno, Bialystok folgen. Von rund fünfhunderttausend deutschen Zigeunern überlebt weniger als die Hälfte. Allein in Auschwitz-Birkenau, wo auch Tutti Reinhardt als kleiner Junge gefangen war, sterben dreizehntausend an Hunger und Krankheiten, an Folterungen und Menschenversuchen.

Und mit dem Ende des Krieges hoffen alle, dass nun diese Zeit der Verfolgungen, des Vertreibens und Mordens ein Ende habe. Aber schon im Jahr 1953 erlässt der Bayerische Landtag eine so genannte Landfahrerverordnung, in der wieder die Erfassung der Zigeuner vorgesehen ist.

Giga ist erschöpft, und seine Stimme ist kaum noch zu vernehmen.

»Manchmal glaube ich, dass es schon bald keine Sinti mehr geben wird. Unsere Heimat ist auch die Vergangenheit. Aber die jungen Leute wissen nichts mehr von früher, sogar die wenigen Alten, die noch unter uns sind, vergessen, was sie einst erlebt haben, vergessen und begraben, welche Leiden sie getragen, welche Freuden sie gesehen haben. Und sie erzählen den Jungen nichts mehr. Und die Jungen erfahren nichts mehr von den Alten.«

In Wirklichkeit beklagt Giga einen doppelten Verlust: den der Alten und den der Jungen.

»Ich denke oft an die vergangenen Jahrhunderte zurück, an meine Väter und Großväter und Urgroßväter, wie sie gelebt haben, was sie getan haben. Es macht mich stolz. Ich habe daraus gelernt. Aber wo lernen die jungen Leute heute? Sie haben keine Vergangenheit, und so werden sie auch keine Zukunft haben.«

Wenige Wochen später stirbt der alte Giga Reinhardt, der letzte Rechtsprecher der Sinti in Süddeutschland, der große alte Mann mit dem weißen Haar und den feinen Falten im Gesicht, der immer gebeugt ging, weil er Angst hatte, irgendwo anzustoßen.

Und ich rufe Markus an und lese ihm meine Notizen vor, das, was mir sein Großonkel auf dem Totenbett erzählt hat. Und was ich dann, unterwegs zurück von Freiburg nach Köln, in mein Notizbuch notiert habe. Atemlos lauscht er den Worten seines Großonkels, und ich glaube, manches hat ihm dabei auch Angst gemacht. Vor allem spürt er wohl, dass der alte Giga ihm eine Verantwortung hinterlassen hat, nichts weniger als die Verantwortung für das Überleben der Zigeuner.

Damals, denke ich, wurde in Markus die Saat gelegt, die in den folgenden Jahren und Jahrzehnten dann aufging. Damals begannen unsere Reisen zu den Verwandten in Holland und im Elsass, in Mainz und Oldenburg. Damals wuchs Markus' Traum, einmal alle Völker der Zigeuner in Europa zu besuchen und zu sehen, wie man denn als Volk überleben könnte – in einer Zeit, die so anders geworden ist, als es sich der alte Rechtsprecher Giga Reinhardt vorgestellt hat.

Wie hatte Giga das ausgedrückt:

»Wenn sie doch nur auf Reisen gingen, andere Menschen kennen lernten, neue Ideen bekämen, andere Gedanken! Ach, ich habe Sehnsucht nach Menschen gehabt. Und meine Heimat, die habe ich bei denen gefunden, die meine Sehnsucht teilten.«

Auschwitz-Birkenau: Wir müssen uns besser beschützen!

Treblinka und Birkenau – das waren die Stationen von Tutti Reinhardt und seiner Frau Schnacka, und als sie nach der Befreiung durch die Russen wieder nach Köln zurückkamen, wussten sie, dass sie in Zukunft sehr viel vorsichtiger sein mussten.

»Ich musste doch auch den Kindern davon erzählen! Und anfangs konnten die das gar nicht glauben.« Aber Tutti erzählt es immer wieder, und inzwischen erzählen die Kinder es wiederum ihren Kindern.

Viele Jahre sind vergangen, seitdem Tutti Reinhardt und seine Frau Schnacka, der Großvater und die Großmutter, gestorben sind. Es war ein schrecklicher Schmerz für die ganze Familie gewesen, und seitdem ist nichts mehr so wie vorher.

Nun sitzt mir der kleine Distlo gegenüber, Markus' elfjähriger Sohn, und er sagt: »Ja, meine Oma und mein Opa haben uns viel darüber erzählt. Und da konnten wir das eigentlich nicht so recht glauben. Natürlich glauben wir meinem Opa und meiner Oma, alles was die uns sagen, aber wie die das erzählt haben von früher, das hab ich mir nie so richtig vorstellen können.«

Auch seine etwas ältere Cousine Regina, die Tochter eines der Brüder von Markus, hat sich nicht wirklich vorstellen können, was die Großeltern während der Zeit ihrer Verschleppung erlebt haben. Also gibt es eines Tages in Köln das Angebot, mit einem Bus nach Polen zu reisen – nach Warschau und in die Konzentrationslager.

»Da waren noch andere Zigeuner mit, auch mein Vater und meine Mutter, und ich gehörte zu den einzigen Kinder, da war ich gerade mal sechs oder sieben. Und da mussten wir das endlich glauben, wie das da aussieht. Und am Ende, da konnte man gar nicht mehr schlafen, weil das so grauenhaft war.«

Regina erzählt von der schrecklichen Reise nach Polen, in die Vergangenheit ihrer Großeltern, als hätte sie gestern stattgefunden. Dabei sind inzwischen sechs Jahre vergangen, und sie waren nur eine kurze Woche dort, und im Lager nur wenige Stunden.

»Meine Großeltern und meine Urgroßeltern sind alle ins KZ-Lager gekommen, weil Hitler einfach nur Besitz ergreifen wollte über alle Menschen, und er hat ganz bestimmte Menschen, die Zigeuner und Polen und Italiener und Juden waren, gequält, weil sie nicht so waren wie er selbst. Und die schwach waren oder behindert und die alt waren, die hat er einfach erschossen.«

Auf meine Frage, ob denn Hitler das alles sozusagen alleine gemacht habe, sagt Regina sehr bestimmt: »Er hat den Auftrag gegeben, und die Deutschen haben's dann ausgeführt. Weil, die Deutschen wollten alle Zigeuner umbringen, genauso wie die Juden, die Polen, und andere Gruppen von Menschen, die ihnen nicht passten, weil sie so ein Bild vom rassereinen Deutschen hatten. Und in das Bild passten die Zigeuner nicht rein.«

Markus hat sich während meines Gesprächs mit den Kindern in den Garten zurückgezogen. Jetzt bitte ich die Kinder, in den Garten zu gehen und uns einmal eine Weile allein zu lassen. Denn auch Markus war vor einigen Jahren in Polen, in Warschau, in Auschwitz, im KZ Birkenau.

»Ich habe das alles sehr früh erfahren, da war ich vielleicht fünf oder sechs Jahre alt. Immer wenn die Alten, wie mein Vater und meine Onkel zusammensaßen und tranken, kam plötzlich während des Abends der Moment, dass sie anfingen zu weinen. Und meine Mutter und die anderen Frauen haben dann immer gesagt: Weint jetzt nicht vor den Kindern. Das war denen nämlich nicht recht, weil sie Angst hatten, dass wir das alles nicht verstehen.«

Er macht eine Pause, und wir sehen den Kindern zu, die im Garten Ball spielen.

»Und dann habe ich einen Abend meine Mutter gefragt, warum weinen die? Und dann hat meine Mutter mir das erklärt. Weil meine Familie, von meinem Vater Brüder und Schwestern und Onkel und Tanten im KZ waren und da geblieben sind, und da umgebracht worden sind, vergast und erschossen.«

Ich erinnere mich, dass Markus sich immer gewehrt hat, auf solche Gruppenreisen zu gehen. Obwohl er auch immer davon gesprochen hat, dass ihn Polen faszinierte und Warschau, und dass er einmal in die Geschichte seiner Vorfahren schauen wollte.

»Ich wollte nie in diese Lager fahren, weil ich gesagt hab, die Vergangenheit ist bei mir zu Hause. Ach was: Bei uns zu Hause ist mehr Vergangenheit als in diesen Lagern. Ich hab mich immer dagegen gewehrt und fand das eigentlich sehr schlimm, was die nach meiner Meinung aus diesen Lagern machten: Das waren Ausflugsorte, so wie die Leute ins Phantasialand fahren und sich das angucken und anschließend nach Hause fahren oder essen gehen oder zurück ins Hotel. Und am Abend trinkt man eine Flasche Wein oder so. So hab ich das immer empfunden und immer verstanden.« – »Und in Wirklichkeit?« – »Dann bin ich dahin gefahren mit Janko, mit meinem Cousin also, der in meinem Ensemble auch die Gitarre spielt, und wo ich dann da war, war in Wirklichkeit alles ganz anders. Das war für mich ganz schlimm und bedrückend einerseits, andererseits hab ich auch sehr vieles plötzlich erst verstanden. Ich hab da viele Sachen gesehen, die ich vom Erzählen wusste von den Alten, ich sah die Baracken und die Ecken, wo sie gestanden haben, auch die Listen, in denen Namen von meiner Familie stehen, von meinem Onkel oder von meinem Opa. Und das ist schon ganz anders, als wenn man das nur erzählt bekommen hat.«

»Seitdem willst du, dass auch die jungen Leute nach Birkenau und Treblinka fahren.« – »Ja, da hab ich mir dann gesagt: Das erzähle ich auch den Jungen, die immer sagen: Ah, ich will nicht dahin, ich brauch das nicht. Das hab ich auch immer gesagt. Aber man braucht das!«

»Warum ist das eigentlich so wichtig? Es ist doch Vergangenheit, es ist doch vorbei ...« – »Es ist Vergangenheit, sicher, aber es ist doch in Wirklichkeit keine Vergangenheit. Denn es gibt ja Leute aus dieser Zeit, die noch da sind, die noch leben, die noch bei uns sind. Und man muss sich mit dieser Vergangenheit auseinander setzen. Dann kann man auch in die Zukunft sehen. Wenn ich diese Vergangenheit nicht kenne, mich da auch verschließe, dann gibt's für mich auch keine Zukunft.«

»Hat dein Verhältnis zu den Gadsche sich verändert?« – »Ich denke ja. Wenn du in so einem KZ drin bist, kriegst du erstmal 'ne Wut und bist so zornig auf die Leute, die so dumm sind und sagen: Wir haben davon nichts gewusst. Und: Wir haben doch keine Schuld. Wenn du das hörst, wirst du richtig böse. Das hab ich vorher nie so erlebt. Ich wurde nie böse auf die Gadsche. Das haben uns unsere Alten gar nicht vermittelt. Aber danach, nach dem Besuch in Birkenau bin ich böse geworden, da wurde ich sehr aggressiv.«

Denn jeder hätte es wissen müssen, wahrscheinlich hat es auch jeder gewusst.

Die Geschichte der Ausgrenzung und Verfolgung der Zigeuner in Deutschland ist alt. Im Herzogtum Jülich, nicht weit von Köln, wurde bereits 1728 ein Gesetz erlassen, das die Zigeuner für vogelfrei erklärte.

»Schon seit langem hat sich herausgestellt, dass Banden von Zigeunern und anderen Vagabunden auf unserem Territorium Diebstähle begehen. Darum haben wir, um dieses Gezücht auszurotten, beschlossen, dass man uns sogleich davon verständige, wenn auf dem Gebiet von Aachen derartige Zigeuner, bewaffnete Spitzbuben oder andere Banden von Vagabunden angetroffen werden. Sobald die Zigeuner angetroffen werden, sind sie unverzüglich und ohne sie zu befragen hinzurichten.«

Und bereits 1899 wird in der Hauptstadt des Deutschen Reichs ein Zigeuner-Informationsdienst eingerichtet, bei dem Akten und Stammbäume von Zigeunerfamilien gelagert werden sollen. Zwölf Jahre später wird in Preußen ein Runderlass zur »Bekämpfung des Zigeunerunwesens« veröffentlicht.

»Personen, die obdachlos oder ohne festen Wohnsitz sind oder berufs- oder gewohnheitsmäßig umherziehen, sowie Zigeuner und Zigeunermischlinge, die in Horden reisen, können der Beobachtung unterworfen werden. Die Wahl des Aufenthalts oder der Arbeitsstätte wird eingeschränkt. Horden sind aufzulösen.«

Dann manifestieren sich Herrenmenschentum und Rassenwahn, als Hitler bereits früh in »Mein Kampf« von der »Reinheit deutschen Blutes« faselt. Und viele stimmen ihm zu, und alle Deutschen hätten es wissen können.

Dann folgte die Deportation. Und die Deutschen haben nichts gewusst? Am Bahnhof von Köln-Deutz mussten sich die Sinti der Stadt mit gepackten Koffern einfinden. Und Hunderte aus Düsseldorf, Neuss, Duisburg. Dann wurden sie in die Waggons getrieben. Nichts gesehen?

»Auf Anordnung des Reichsführers-SS und Chefs der Deutschen Polizei wird binnen kurzem im gesamten Reichsgebiet die Zigeunerfrage im Reichsmaßstab grundsätzlich geregelt. Die Ortspolizeibehörden und die Gendarmerie sind umgehend anzuweisen, sämtlichen in ihrem Bereich befindlichen Zigeunern und Zigeunermischlingen die Auflage zu erteilen, von sofort an bis auf weiteres ihren Wohnsitz und jetzigen Aufenthalt nicht zu verlassen.«

Markus sieht zu den Kindern hinüber, die auf der Wiese hinter dem Haus Fußball spielen. »Du hast sicher Konsequenzen für dich gezogen. Auch für die anderen Zigeuner?« – »Ich kann das nicht mehr hören mit der Wiedergutmachung. Ich kann mich nicht dahin stellen und nur die Leute anklagen und immer wieder Genugtuung oder gar Rache fordern. Wir sind keine Opfer in dem Sinne. Ich fühl mich auch nicht als jemand, der immer bemitleidet werden muss. Ich denke, dass wir auch von unserer Seite viel tun müssen.«

Inzwischen kommen die Kinder wieder ins Haus und setzen sich ganz still neben uns. Distlo schaut seinen Vater mit großen Augen und halb geöffnetem Mund an. Die beiden sind sich wirklich sehr ähnlich.

»Wir müssen auf bestimmte Sachen viel mehr Acht geben – auf diese Werte, die wir haben, das was uns ausmacht, das was so wertvoll ist. Dass dann einfach so was gar nicht mehr passieren kann.« Und er sieht auf seinen kleinen Sohn hinunter.

Günter Grass hat in seiner »Rede vom Verlust« in den Münchner Kammerspielen vor mehr als einem Jahrzehnt in Worte gefasst, worauf die Gadsche, die Menschen, die nicht Zigeuner sind, in Zukunft achten müssen. Er weist auf den latenten und auf den offenen Antisemitismus und Rassismus hin, auf die Verfolgung von Sinti und Roma, auf die Gewalt, die wieder herrscht. Er zieht eine zunächst widersprüchliche Konsequenz:

»Vielleicht fehlen uns diejenigen, die wir fürchten, weil sie fremd sind und fremd aussehen. An denjenigen herrscht Mangel, denen wir aus Furcht mit Hass begegnen, der dann in Gewalt umschlägt, mittlerweile alltäglich. Und vielleicht fehlen uns diejenigen besonders, die in abschätziger Werteskala tiefzuunterst zu finden sind: die Roma und Sinti, herkömmlich Zigeuner genannt.«

Grass fragt dann, warum kein Abgeordneter, kein Parlament, kein Minister keines Staates die berechtigten Forderungen der Zigeuner unterstützt. Und er antwortet selbst:

»Weil sie anders sind, schlimmer noch: weil sie anders sind als anders. Weil sie klauen, unruhig hin und her zigeunern, den bösen Blick haben und überdies von jener befremdlichen Schönheit sind, die uns hässlich aussehen lässt. Weil sie unser

Wertesystem durch ihre bloße Existenz in Frage stellen. Weil sie allenfalls für Opern und Operetten taugen, doch eigentlich – auch wenn das schlimm klingt und an irgend etwas Schlimmes erinnert – asozial, abartig, unwert sind.«

Grass zieht eine Konsequenz, die damals, in den Münchner Kammerspielen, wie eine Prophetie klang und inzwischen wahr geworden ist.

»Lasst sie kommen und bleiben, wenn sie wollen. Sie fehlen uns. Lasst eine halbe Million und mehr Roma und Sinti unter uns Deutschen sein. Wir haben sie bitter nötig.«

Und er beendet seine Rede:

»Sie können uns behilflich sein, indem sie unsere fest gefügte Ordnung ein wenig irritieren. Etwas von ihrer Lebensweise dürfte getrost auf uns abfärben. Sie wären Gewinn für uns nach so viel Verlust.«

Grass muss gewusst haben, was dieser Satz auch für sein eigenes Leben bedeutet hat. Später haben es alle erfahren, bestürzt und beschämt.

Belfast:
Die Chinesische Mauer

Der alte elfenbeinfarbene Mercedes, den wir für das Unternehmen gemietet hatten, schlingerte auf der regennassen Straße und wurde dabei noch einmal ordentlich gebeutelt durch den anhängenden runden Wohnwagen, den wir in einem Zigeunerlager bei Koblenz gefunden hatten. Den Mercedes mussten wir später, nachdem die Dreharbeiten beendet waren, zurückgeben, so leid es uns tat. Den Caravan, den typischen Zigeuner-Wohnanhänger, wollte Markus behalten, um darin Geige zu üben: Er wollte ihn neben dem Haus seiner Eltern aufbocken. Und so geschah es auch. Das ging ein paar Jahre gut. Aber dann gab es einen jungen Mann, der nirgendwo mehr zu Hause war und sich in das Zigeunerleben verliebt hatte. Der bekam dann den Wagen und wohnte darin ein paar Monate, bis er sich darin in der Nähe von Oldenburg das Leben nahm.

Danach wollte kein Zigeuner den Wohnanhänger mehr haben.

Wie alle anderen, fuhren auch wir mit unserem alten Mercedes und dem Anhänger auf der linken Straßenseite. Schließlich waren wir in Irland, genauer gesagt, unmittelbar an der Grenze zu Nordirland. Markus und ich waren unterwegs zu den so genannten Fahrenden, den Travellers, wie sie sich selbst nennen. Von den Engländern und Iren werden sie abschätzig Tinkers genannt.

»Als ich noch ein Kind war, ich glaube, ich war neun Jahre alt, da traf ich zum ersten Mal Leute, die sich Zigeuner nannten.« Vor uns sitzt eine Frau mit wirren roten Haaren, mit glühenden schwarzen Augen in einem freundlichen Gesicht, das von feinen Falten gezeichnet ist, und strahlt uns an. Nan Joyce ist eine der Fahrenden, die in Belfast auf dem Zigeunerplatz wohnen: in Wagen, die auf jeden Fall noch viel älter sind als unserer.

Als wir mit unserem Gespann im strömenden Regen ankamen, begannen die kleinen Jungen, die überall herumlungerten, mit Steinen nach uns zu werfen. Wahrscheinlich dachten sie, wir wären dumme Touristen, die nicht gesehen hatten, dass es sich hier um einen offiziellen Zigeunerrastplatz handelte.

Ansonsten sind nämlich die gewöhnlichen Rastplätze in Irland und Nordirland immer verbarrikadiert, das heißt, ein Balken versperrt in ungefähr zwei Metern Höhe die Einfahrt zum Parkplatz, sodass ein Caravan nicht passieren kann. Eine ziemlich diskrete, ja fast vornehme Art, sich die Zigeuner vom Leib zu halten.

Nan Joyce hatte die Jungen verscheucht und uns dann in ihren Wagen gebeten. Es gab Tee. Drinnen war es bullig warm und auf jeden Fall trocken.

»Ich wusste nicht, was das war, Zigeuner«, fährt Nan in ihrer Geschichte fort. »Aber ich fühlte, dass ich mit denen etwas gemeinsam hatte. Sie hatten eine andere Sprache, jedenfalls viele Wörter waren anders. Aber sie lebten wie wir, und dann erklärte mir mein Vater, dass auch sie Fahrende waren, dass sie Zigeuner hießen, und dass sie die Musik liebten. Vater handelte mit ihnen, Wagen und Pferde und andere Sachen. Und er lernte dann auch ihre Sprache. Und sie lernten unsere. Abends saßen wir dann um das große Feuer herum, vielleicht zehn Familien, und es wurde gekocht und gemeinsam gegessen. Wir Kinder mussten dann ins Bett, aber die Männer blieben dann noch lange auf, tranken zusammen und machten Musik. Auch die Frauen setzten sich dazu, es war wunderschön.«

Wir schütten einen Schuss Whiskey in den Tee, und Nan ermuntert uns, von den Orangenplätzchen zu nehmen. Draußen wird es dunkel, das Prasseln auf dem Dach hat nachgelassen, der Regen hat sich verzogen. Langsam breitet sich ein Wohlsein aus, die Spannung verliert sich. Die Grenze ist schwierig gewesen, unser gesamtes Gepäck ist durchsucht worden, und natürlich ist niemand bereit gewesen, meine Fragen zu beantworten. Es war uns klar, dass sie nach Waffen für die IRA suchten, alle Zigeuner werden verdächtigt, mit der IRA unter einer Decke zu stecken. Wie man natürlich grundsätzlich Zigeunern alles zutraut.

Dass ich bei der Gelegenheit wieder einmal mit den Fahrenden in einen Topf geworfen wurde, habe ich einfach als moralischen Pluspunkt verbucht.

»Für mich gibt es keinen Unterschied zwischen Fahrenden und Zigeunern.« Die rotschöpfige Nan hat den Faden wieder aufgenommen und streicht durch das wirr hochtoupierte Haar. »Da gibt es wirklich keinen Unterschied. In meiner Verwandtschaft zum Beispiel sind auch Spanier, die sind damals nach Tipperary gekommen mit wenigen Familien, haben dann eingeheiratet und haben so ihre Traditionen aufgegeben, ihre Sprache und so weiter. Die anderen Vorfahren, also meine Großmutter, das waren Nomaden. Also, da gibt's keine Unterschiede mehr.«

Aber Nan hat noch eine Geschichte parat, die uns beide verblüfft. Sie zündet eine Zigarette an und bläst den Rauch in die Luft.

»Ich bin ja persönlich der Meinung, dass die Fahrenden älter sind als die Zigeuner. Nimm beispielsweise die Chinesische Mauer. Die ist gebaut worden gegen die Fahrenden, weil man im alten China keine Fremden in den Städten haben wollte, und da haben sie die Mauer gebaut, gegen die Fahrenden. So lange gibt es uns also schon. Da waren die Zigeuner noch gar nicht unterwegs. Damals waren wir Fahrenden wohl auch ein bisschen gewalttätig. Vielleicht sogar gefährlich. Aber die Chinesische Mauer! Gegen uns Fahrende!«

Während wir friedlich unseren Tee schlürfen, der durch den Whiskey förmlich verzaubert ist, dröhnen Hubschrauber in niedriger Höhe über den Platz.

»Das sind schon wieder die Hubschrauber der britischen Armee. Sie suchen die IRA oder Waffen oder Leute, die die IRA unterstützen.« Nan Joyce setzt ihre Teetasse so heftig auf den Unterteller, dass es scheppert. »Aber eigentlich suchen sie die Armen, die das Leben der Reichen stören. Das ist es, was uns Zigeuner miteinander verbindet«, und sie sieht mit warmem Blick zu Markus hinüber. »Dass wir arm sind, wie so viele andere auch, die hier in riesigen Mietskasernen wohnen, ob sie nun Protestanten sind oder Katholiken, es sind doch einfach nur Menschen.«

Es ist spät geworden, und wir verabreden uns für den nächsten Morgen. »Aber nicht vor elf Uhr«, ermahnt uns Nan lachend.

Wir kommen pünktlich um halb zwölf. »Hier wo ich wohne, auf der Glen Road in Belfast, da sieht es aus wie in der Dritten Welt. Wir hören ja viel von der Dritten Welt und davon, dass sie dort kein Stimmrecht haben. Aber das haben wir auch nicht: Auch wir haben keine Stimme.« Wir sind wieder beim Thema.

Markus und ich haben den Wohnwagen in einer Hotelgarage gelassen, um nicht wieder in Konflikt mit den übrigen Zigeunern auf dem Platz zu geraten, aber Nan missbilligt unsere Vorsicht: »Wir sind hier unter uns!« Und sie macht wieder eine Kanne Tee fertig. Wie alle Frauen auf dem Platz trägt sie einen langen, bunten Rock, bis zu den Knöcheln, darüber eine langärmelige dunkle Bluse und einen so genannten Cardigan, einen dünnen Pullover.

»Wir haben auch kein Land, und doch sind wir Iren, seit Generationen, immer verjagt, aber wir haben unsere Traditionen beibehalten, trotz alledem. Unsere Kinder wachsen mit Hass und Bitterkeit auf, weil sie als Fahrende gezeichnet sind.«

Nan Joyce ist Mitglied in einer Selbsthilfeorganisation, die sich »Kommission für die Rechte der Fahrenden« nennt. »Als wir damals anfingen, uns zu organisieren, da mussten wir demonstrieren, nur um auf unsere Lebensumstände hinzuweisen. Und das, während Männer auf dem Mond herumspazierten und andere Menschen all ihren Reichtum auslebten. Da mussten wir uns am Geländer des Bezirksrates anketten, nur um Wasserhähne zu bekommen, einfach nur Wasserhähne!« Voller Entrüstung stemmt sie die Hände in die Seiten und glüht mich mit ihren schwarzen Augen an.

Aber dann beruhigt sie sich wieder und setzt sich und schenkt Tee ein und rückt die Schale mit Orangenplätzchen wieder in meine Nähe.

»Wenn man sich über ein Land und seine Führer ein Urteil bilden will, dann muss man sich die Minderheiten ansehen. Wenn die Minderheiten gut behandelt werden, dann kann man auch von einer guten Regierung sprechen. Solche Regierungen haben nämlich den Mut, sich auch für kleine Gruppen einzusetzen. Es ist ja keine Kunst, mutig zu sein, wenn man zu den Mächtigen zählt. Mut braucht man, wenn man zu den Schwachen hält.«

Zu jener Zeit sind wir unterwegs, um diesen Film zu drehen, der später »Markus' Traum« heißen wird und von der Zukunft der Zigeuner handeln soll. Dafür wollten wir erst einmal wissen, wie die Zigeuner in Europa denn überhaupt lebten – und solch eine Reise zu machen, war immer schon der Traum meines Freundes gewesen. Es war damals die erste Entdeckungsreise, sieben Länder standen auf dem Programm, und die Überfahrt nach Dublin, der Hauptstadt Irlands, war ein besonderes Erlebnis gewesen: Die See war rau, der Wind wehte mit acht Windstärken und Regen platschte gegen unser Bullauge. Oder war es die See?

Als wir am nächsten Morgen in den Hafen einliefen, strahlte die Sonne, und während wir nach Norden fuhren, Richtung Belfast, sahen wir in fast jedem Dorf eine Gruppe von Wohnwagen, die mit Wäscheleinen verbunden waren, umwirbelt von vielen kleinen und größeren Kindern. Sie schauten uns nach, unserem elfenbeinfarbenen Mercedes und dem rundbuckligen Anhänger, und im Rückspiegel konnten wir sehen, wie das Geschrei losging.

Von Belfast fuhren wir zurück, es gab tatsächlich keinen Regen mehr, und wir hatten uns entschlossen, in Galway den Zigeunerplatz zu suchen und dort die nächste Nacht zu verbringen. Irgendwie war das nicht in Ordnung, mit dem Caravan unterwegs zu sein und dann dennoch in einer Pension zu schlafen. Und nach vielem Fragen erreichten wir bei strahlender Sonne weit außerhalb der Stadt den Platz. Das Kamera-Team war schon angekommen und hatte alles aufgebaut, sodass sie unsere Ankunft gleich filmen konnten.

»Garda! Garda!«, schrien die Kinder, obwohl wir nun erkennbar nicht zur Polizei gehörten. Aber es entstand schon ein ziemlicher Aufstand. Wahrscheinlich war es wieder die Kamera, die doch nur Markus' Ankunft filmte. Aber alle nahmen wohl an, dass es sich um einen Überwachungsfilm für die Polizei handelte.

Eine junge Frau nahm schließlich die Dinge in die Hand und vertrieb die Kinder. Zwei von ihnen begannen dann sogleich eine Prügelei, ein anderer vertrieb einen Hund mit einem dicken Stock, den er schließlich dem Hund hinterher warf. Man konnte die Aggression und Gewalt auf dem Platz körperlich spüren.

Markus stand zu diesem Zeitpunkt, so kann man es im Film sehen, betreten mitten auf dem Platz, nur wenige Meter von seinem Wagen entfernt, beide Hände bis zu den Ellenbogen in den Hosentaschen und in einer Haltung, die sagt: Hier bleibe ich nicht. Auf keinen Fall.

Aber wir blieben.

Nach einer unruhigen Nacht im Caravan, während das Team in einem Hotel untergebracht ist, lernen wir am nächsten Morgen Martin Collins kennen, mindestens eben so freundlich und warmherzig wie Nan Joyce, aber nicht einmal halb so alt.

Er kommt mit seinem gerade erst zwei Wochen alten Baby auf uns zu, als wir zum ersten Mal die Tür des Wohnwagens öffnen, lacht uns an und ruft: »Ich hab schon von eurer Ankunft und der Begrüßung hier gehört!« Dann bittet er uns in seinen Wagen. Es stellt sich heraus: Die junge Frau, die sich gestern so freundlich unserer angenommen hat, ist die Mutter des Babys, Martins Frau. Martin ist nicht älter als zwanzig, Betty ist sogar erst siebzehn.

»Wir werden einen neuen Platz bauen«, erklärt er, während wir uns um den kleinen Tisch drängen, auf den Martin eine Zeichnung gelegt hat. »In der Form eines Schmetterlings, seht hier!« Schmale Wege führen über den Platz, gezeichnet wie eine große Acht, dazwischen sind die Wagen eingezeichnet. Blumenrabatten säumen die Wege.

Betty kocht Kaffee. Immer wieder geht die Tür des kleinen Caravans auf, und junge Leute stecken ihren Kopf herein. »Das sind alles meine Freunde, die auch mit in unserem Verein organisiert sind. Wir bauen den neuen Platz gemeinsam.« Wir trinken Kaffee.

Ich verstehe, was Nan Joyce mit der Dritten Welt meint, die auf den Plätzen der Zigeuner herrscht. Die Armut erzeugt Gewalt, und der Schmutz, der überall herumliegt, macht die Menschen würdelos. Aber es ist ihr eigener Schmutz, und Markus sagt zu Martin: »Warum macht ihr nicht erst mal sauber da draußen?«

Martin ist völlig überrascht, für ihn erledigt sich der Dreck durch den Plan vom neuen Platz. Warum sollte er jetzt noch Zeit und Mühe investieren, einen alten, verkommenen und verdreckten Platz zu säubern? Er schüttelt den Kopf: »Lass nur, das ist alles nicht so schlimm. Wir kennen es ja auch nicht anders. Das wird sich ändern, sobald wir den neuen Platz haben.«

Wie hatte Nan Joyce gesagt: »Unsere Kinder wachsen mit Hass und Bitterkeit auf, weil sie als Fahrende gezeichnet sind.«

Hernadvecse:
Ihr seid weiß, wir sind schwarz

Ich frage den kleinen Distlo, Markus' elfjährigen Sohn, was denn der Unterschied zwischen ihm und mir sei. »Dass du ein Gadscho bist.«

Und was ist denn ein Gadscho? Ist das ein Schimpfwort? »Nein. Wir nennen euch so, also die Deutschen.«

Aber du bist doch auch Deutscher? »Ja, aber ich bin deutscher Zigeuner. Das ist wieder ein Unterschied. Das kommt daher, dass wir kein Land haben. Deutschland, das ist nicht unser Land. Wir sprechen eine andere Sprache, wir sind Nomaden, unser alter Stamm ist immer rumgezogen und hat sich die ganze Welt angesehen.« Als sei die Welt überall einfach nur schön gewesen.

Hernadvecse in Ungarn. Dieses Dorf ist so abgelegen, dass man sich völlig verloren fühlt. Eine einzige schmale Straße führt zwischen den verstreut liegenden hölzernen Häusern und Scheunen hindurch. Unter einem alten Auto liegt ein Mann und klappert mit seinem Werkzeug. Zwei andere Männer errichten mühselig und umständlich einen Zaun. Vor einem Haus sitzt eine ältere Frau auf den Stufen, umringt von einer Schar Gänse, als hielte sie ein Nachmittagspläuschchen ab. Alles ist sehr sauber und beinahe schmerzhaft arm.

Jenseits des Dorfes verliert sich die Straße in den Bergen der Slowakei. Wir sind an der Nordgrenze Ungarns, siebzig Kilometer von Miscolc entfernt, Ungarn nennen diese Gegend »kegyetlen«, was so viel wie grausam heißt.

Von dreizehntausend Einwohnern sind rund achttausend Roma oder besser: Romungro, so nennt man in Ungarn die Zigeuner, die ihre Sprache Romanes nicht mehr sprechen.

Es gibt nur eine Zufahrt nach Hernadvecse. Am Anfang des Dorfes überschaut ein großes Haus das Tal und das Dorf, zwei riesige Hunde bellen wütend, ein Ziegenbock senkt den Kopf, und eine Gruppe von weißen Gänsen zischt uns entgegen. Hier wohnt Láci.

László Galyas ist der Chef der örtlichen Phralipe-Bruderschaft, einer von vielen Organisationen in Ungarn, die zur selbständigen Rom-Regierung des Landes gehören. »Vor einiger Zeit waren noch achtzig Familien Mitglied in unserer Bruderschaft. Jetzt haben wir inzwischen zehn verschiedene Organisationen im Dorf, die sich alle mit Roma-Fragen beschäftigen. Und Phralipe hat nur noch sechzehn Mitglieder.« Die Inflation an Hilfsorganisationen hat das Dorf und seine Rom-Familien zersplittert.

Láci, wie ihn die Leute im Dorf nennen, sitzt uns in seinem Büro gegenüber, neben ihm auf dem Tisch ein Computer und ein Drucker, über ihm das Foto aus seiner Zeit beim Militär und ein Bild von seiner Hochzeit mit Eva. Eva ist keine Zigeunerin, Láci und Eva lernten sich vor fast dreißig Jahren in einem Restaurant in Budapest kennen und heirateten noch in derselben Woche.

Abgelegene Dörfer wie Hernadvecse haben normalerweise schon genügend Probleme – auch ohne Zigeunerfamilien. Schulen, Geschäfte, Verwaltung, alles ist weit entfernt. Der öffentliche Nahverkehr ist auf eine Tour am Morgen und eine am Abend zusammengestrichen worden, Schulbusse gibt es nicht.

»Nur wenige Leute können sich erlauben, ihre Kinder auf die Schule zu schicken«, sagt Láci, dessen Tochter Gabi inzwischen zur Universität geht und deshalb in Miscolc bei Bekannten wohnt. »Die Leute hier sind arm, so gut wie niemand hat Arbeit, und dann haben die Leute auch Angst, ihre Kinder in die Stadt zu schicken wegen der Gewalt gegen Zigeuner.«

»Und Armut«, fügt er hinzu, »ist meiner Meinung nach auch Gewalt.«

Gegen Abend dann sitzen wir auf der hölzernen Bank vor dem Café des Ortes und sprechen über Diskriminierung. Die letzten Sonnenstrahlen zeichnen die schweren Felssteine nach, die den Häusern als Fundament dienen. Darauf wurde mit Holz weiter gebaut, das in der Abendsonne fast dunkelrot scheint. Die meisten Fenster haben keine Läden. Im Winter muss es hier besonders kalt sein.

»Ja, es stimmt«, sagt Láci und reicht mir eine Flasche Bier, die er aus dem Café geholt hat. »Es gibt auch positive Diskriminierung. Und ich kann gut verstehen, dass andere Leute sauer werden, wenn Zigeuner von der Regierung bevorzugt werden – bei der Wohnungssuche, bei Jobs, bei der Schulbildung für die Kinder.« Láci regt sich auf. »Aber wir sind nun einmal besonders benachteiligt, diskriminiert und ausgegrenzt.« Und nach einem Schluck aus der Flasche sagt er, fast resigniert: »Denn du darfst eines nicht vergessen: Wir sind schwarz und ihr seid weiß.«

Die Vielzahl an Initiativen und Organisationen, die alle irgendwie den Zigeunern helfen wollen, macht es nicht einfacher. »Das ganze Geld, von dem sie immer reden, das kommt doch nie bei den einzelnen Roma an! Oder es versickert in den vielen Büros, die hier inzwischen eingerichtet worden sind.« Láci regt sich wieder auf. »Wir sind von wirklicher Hilfe doch genauso weit entfernt wie die Politiker mit ihren Rezepten und ihrem Geld von Hernadvecse entfernt sind!«

Dabei ist dieser zornige Mann selbst Politiker: Láci ist nicht nur der Vorsitzende der Phralipe-Bruderschaft, er war auch lange Zeit der Verbindungsmann zum Phare-Programm der Europäischen Kommission, einem Hilfsprogramm zum Wiederaufbau der osteuropäischen Gesellschaften nach dem Zusammenbruch des Sozialismus. Und Ungarn war eines der ersten Länder Osteuropas, das sich speziell dem Thema Zigeuner widmete.

1990 bereits wurde eine Verfassungsänderung zugunsten der Roma vorgenommen, weil sie »nicht nur eine Minderheit mit eigener Sprache, Kultur und Traditionen darstellen, sondern auch gerade zu den Verlierern im Prozess des Wirtschaftswandels gehören«, wie es in einem Papier des Premierministers heißt.

1993 wurde dann das »Gesetz zu den Rechten der Nationalen und Ethnischen Minoritäten« verabschiedet, das nicht nur den Roma, sondern zwölf weiterer Minderheiten das »Recht zur personalen Autonomie und das Recht zur Einrichtung örtlicher und nationaler Minderheitenselbstverwaltungen« einräumt.

Inzwischen gibt es über achthundert Selbstverwaltungen von Minderheiten im ganzen Land, Dutzende von Kulturzentren sind eingerichtet worden, und in Pecs wurde ein Roma-Gymnasium eröffnet, das den Namen des indischen Politikers Mahatma Gandhi trägt.

Und dennoch: Hernadvecse ist überall in Ungarn. Man sagt, zehn Prozent der Ungarn seien Zigeuner, aber bei der letzten Volkszählung bekannten dies nur fünf Prozent. Wahrscheinlich wollen viele nicht zur Gruppe der besonders benachteiligten und ausgegrenzten Minderheit gehören und gehen so weit, ihre eigene ethnische Identität zu verleugnen.

»Deshalb sind all diese Gesetze und Verordnungen doch nur halbe Sachen«, sagt László Galyas, beruhigt sich dann aber doch und nimmt noch einen Schluck. »Die andere Hälfte, das sind wir selbst, unsere Identität und unsere Kultur.« Láci ist eben schwarz, wir sind weiß.

Das erfahren wir auch jenseits der Grenze, in der Slowakei, genauer gesagt: in der Stadt Košice, weitab von der Hauptstadt Bratislava, im Osten des Landes, der Hochburg der slowakischen Zigeuner. Mit einer Viertelmillion Einwohnern ist Košice die zweitgrößte Stadt des Landes, die Universität und ein bedeutendes Stahl- und Walzwerk prägen ihr Leben. Es gibt sogar ein Theater, das Stücke in Romanes, der Sprache der Sinti und Roma, aufführt. Viele der Roma von Košice sind, was das Zusammenleben mit den übrigen Slowaken nicht einfacher macht, von ihrer Herkunft her Ungarn, sie gehören in der Slowakischen Republik also gleich zwei Minderheiten an.

In der Hauptstadt Bratislava besuche ich Kinga Novotna, die Beauftragte für Menschenrechte und Minderheiten in der Slowakischen Regierung, die ihr Büro in einem uralten Palast mitten in der Stadt hat und zur Zeit genau einen Mitarbeiter beschäftigt. Kingas Vorname ist ungarisch, sie hat, wie sie erzählt, einen tschechischen Vater und eine slowakische Mutter und kommt aus der Gegend von Košice, wo die wenigsten Slowakisch sprechen. Weil die meisten Menschen dort – genau wie Kinga – Zigeuner sind. In Košice ist die Minderheit – Mehrheit.

»Aber die Roma sind eigentlich nicht unser Problem, sondern doch eher unser Anliegen«, sagt Kinga mit kluger Unterscheidung der entsprechenden englischen Wörter, und sie weist auf die aggressiven Vorurteile der Gadsche, der Nichtzigeuner hin. »Die meisten Roma leben im Osten der Slowakei, und die Siedlungen der Roma sind nicht gemischt mit denen der übrigen Bevölkerung: Die Roma leben immer in einem anderen, abgesonderten Teil der Gemeinde, weit weg von den übrigen Bürgern.«

Genau das hat die Menschen von Košice auf die Idee gebracht, eine Mauer zu bauen rund um ihre »weiße« Stadt, als Schutz gegen die riesige »schwarze« Zigeunersiedlung am Stadtrand.

Pogromartig finden Überfälle auf den Zigeunerstadtteil statt, Autos werden angehalten und demoliert, Roma werden aus ihren Wagen gezerrt und zusammengeschlagen. Aber sie weichen nicht.

Dann mischt sich die Europäische Kommission ein und untersagt jedwede Aktion zur Diskriminierung oder Ausgrenzung der Roma. Der Bau der Mauer wird gestoppt, Kampagnen werden gestartet zur besseren Verständigung zwischen den verschiedenen Bevölkerungsgruppen. Noch kann niemand sagen, wie lange der Frieden zwischen den Völkern halten wird. Dabei gehören sie alle zur selben Nation.

Nur wenige Roma flohen damals in den Westen, zumeist nach Österreich und Deutschland – wo sie auch nicht gerade mit offenen Armen empfangen wurden. Heute kehren sie in das Land zurück, aus dem sie geflohen sind. Heimat kann man wohl nicht dazu sagen.

»Sie sind ein Teil der Slowakei«, sagt Kinga, und ich gebe ihr Recht. »Und wir erwarten sie.« Nach einer Pause fügt sie leise hinzu: »Wir gehören hierher, dies ist auch unser Land.«

Fábiánháza:
Die Geigenstunde

Hernadvecse und Košice sind überall, nicht nur in der Slowakei und in Ungarn. Wir fahren quer durch die Puszta nach Fábiánháza, bis an die rumänische Grenze, in die Gegend entlang der Theiß, deren Nebenflüsse sich immer einmal wieder zu einer großartigen Seenlandschaft weiten. Alte ehemals staatliche Jagdschlösser, die inzwischen privatisiert sind, liegen hinter mächtigen Eichen verborgen, schmale Brücken führen über Forellenteiche und Kanäle, die das Seenparadies der Theiß durchziehen.

Dies ist die Gegend, die alle paar Jahre überschwemmt wird – mit furchtbaren Folgen für die Bevölkerung, die hier nicht nur arm ist. Die meisten Menschen, die hier leben, sind Roma. Und so gut wie alle sind arbeitslos, so lange sie denken können. Die Vorgärten der kleinen Häuser, die sich unter verkrüppelten Bäumen ducken, sind gepflegt und voller Blumenstauden. Immer wieder kreuzt eine Gruppe Gänse die Straße und flieht laut schnatternd hinter die Häuser.

Ein Hinweisschild auf ein Prészó, ein Espresso, am Straßenrand signalisiert uns, dass hier das Dorfcafé des alten Horváth ist, und wo also auch der Rest der Familie Horváth zu finden sein wird. Eine Wolke von Zigarettenrauch und abgestandenem Schnaps und Bier schlägt uns entgegen, als wir die schwere Tür öffnen, und wir gewöhnen uns nur langsam an das verrauchte Dunkel in der Dorfkneipe. Dann fragen wir den Wirt nach seinem jüngeren Bruder, nach dem berühmten Geiger Désző Horvath. Er bedeutet uns zu warten und schickt einen Jungen los. Vor uns dampft ein Espresso, daneben steht ein Glas Pflaumenschnaps. Es ist noch nicht einmal Mittag.

Und dann steht er plötzlich vor uns: groß gewachsen, dunkelhäutig, schwarzhaarig, mit lachenden grünen Augen, im Anzug, den kleinen Sohn an der Hand. Ein wunderbarer Vater mit seinem seltsam hellhäutigen Sohn, der ebenfalls grüne Augen hat und ein schüchternes Lächeln zeigt. Wir begrüßen einander, und der Übersetzer hat viel zu tun. Wir schaffen es, weitere Pflaumenschnäpse abzuwehren und auf Wodka Tonic umzusteigen. Es soll zu unserem geflügelten Wort werden, zum einzigen Wort, das wir gemeinsam haben.

Dészö Horváth träumt davon, ein berühmter Geiger in der Stadt zu werden, im Rajko-Orchester, dem berühmten Zigeuner-Orchester Ungarns, das 1952 in Budapest gegründet wurde, um die Musik der Zigeuner in die weite Welt zu tragen. Aber Dészö wohnt zehn Bahnstunden von Budapest entfernt, und der Zug, mit dem er von Mátészalka in die Hauptstadt fahren müsste, wird »Schwarzer Zug« genannt, weil er voller Zigeuner ist, die alle davon träumen, in Budapest Arbeit zu finden.

Seine Frau macht uns Kaffee, den sie wöchentlich mühselig in Österreich einkauft, um ihn auf dem matschigen Marktplatz in den Wiesen der Kreisstadt Mátészalka, hoffentlich mit Gewinn, zu verkaufen, da wo auch sonst kleine Schmuggelware verkauft wird, aber auch Schweine und Geflügel unter den Bauern gehandelt werden. Österreichischer Kaffee ist beliebt bei den Ungarn, und er schmeckt besser als der Kaffee, der aus Rumänien und der Ukraine in das Gebiet um die Theiß geschmuggelt wird.

Wir sitzen, wie immer, wenn wir Zigeuner besuchen, in der Küche, und der kleine Dany steht im Türrahmen und lauscht andächtig den fremden Sprachen, beobachtet vor allem Markus, der seinen Geigenkasten neben sich auf die Küchenbank gelegt hat.

Jetzt nimmt Dészö seine Geige und bedeutet seinem kleinen Sohn, in die Küche zu kommen. »Ich werde dir etwas zeigen«, sagt er und streicht entschieden über die Saiten, die hier in der

Küche noch voller klingen als sonst. Dany nimmt seinen Bogen und starrt auf das Notenpapier. Dann lauscht er mit Inbrunst und mit großer Ehrfurcht seinem Vater und versucht, dessen Geigenspiel nachzuahmen. Und natürlich schämt er sich ein bisschen vor dem hohen Besuch aus Deutschland, noch dazu vor Markus, dessen Sprache, das Romanes, er zwar nicht versteht, aber den er bereits am Morgen gehört hat, als der wie üblich auf seiner Geige übte.

Und Deszö beobachtet zärtlich seinen kleinen Sohn und dessen Bogenstrich, korrigiert vorsichtig einen falschen Ton, ermuntert den Kleinen durch Lächeln. Um dann seinem Sohn ein Beispiel zu geben, wie das Violinstück klingen könnte. Deszös Geige jubelt, dass man eine Gänsehaut kriegen möchte, und wir alle hier in der Küche des kleinen Hauses in Fábiánháza halten den Atem an.

Markus' Vater würde jetzt sagen: Das ist der Beweis! Hier, in dieser Musik, ist unsere Heimat. Die Heimat aller Zigeuner!

Zwei Tage später sind wir alle gemeinsam unterwegs nach Budapest. Deszö ist mitgekommen, immerhin haben wir einen Leihwagen, und so braucht er nicht den Schwarzen Zug zu nehmen. Der Abschied von seiner Frau und dem kleinen Sohn Dany ist ihm schwer gefallen, aber er will seine Chance wahrnehmen, in Budapest nach einem Job zu suchen. Markus und Deszö sitzen hinter mir auf der Rückbank und albern stundenlang herum. Als wir am Spätnachmittag ein Motel aufsuchen, sehe und höre ich die beiden in ihrem Zimmer Geige spielen, gemeinsam, eines dieser alten wehmütigen Stücke, das die Zigeuner Deutschlands spielen, weil sie glauben, dass es Musik aus ihrer Heimat sei. Dass die eigentliche Heimat der Zigeuner Ungarn sei.

Regen prasselt auf die Wellblechdächer der Motelhütten, die Tür zum Zimmer, in dem Markus und Deszö übernachten sollen, steht weit offen, ihr Geigenspiel mischt sich mit dem Platschen des Regens. Riesige Pfützen bilden sich vor den kleinen Häusern des Motels, und das warm erleuchtete Zimmer der beiden Musiker spiegelt sich im Wasser, auf dem sich jetzt Blasen bilden. Der Regen nimmt noch zu. Aber die beiden Geigen sind noch deutlich vernehmbar. Markus spricht mit Dészö, und Dészö spricht mit Markus. Und sie verstehen einander.

Am nächsten Morgen nach der Ankunft in Budapest machen wir uns auf den Weg zur Rajko-Schule. Die Sache mit Dészö Horváth ist leider sehr schnell geklärt: Es gibt keine von der Rajko-Schule vermittelten Jobs mehr für Geiger in Budapest. Da, wo früher eine dicke Kartei voller berühmter und weniger berühmter Namen auf einem mächtigen Schreibtisch bereitstand, um in Cafés und Restaurants und Hotels und Kongresse vermittelt zu werden, ist jetzt eine Instrumentenkammer. Alles wird jetzt nur noch privat organisiert, jedes Ensemble, jede Gruppe sucht sich selbst ein Engagement.

Auch das Rajko-Orchester ist keine Einrichtung des Staates mehr, sondern ein privatwirtschaftliches Unternehmen, das für Tourneen und Engagements und Reisen und Honorare selbst sorgen muss. Jedem Restaurant, jedem Hotel steht es frei, eine Gruppe zu engagieren oder nicht, und jeder handelt auch selbst das Honorar aus. Natürlich sind die Preise für Musiker inzwischen ins Bodenlose gefallen. Der Kapitalismus ist auch bei den Zigeunermusikern Ungarns angekommen.

Aber die Schule selbst, die Institution Rajko existiert noch, wenn sie jetzt auch nicht mehr der Sozialistischen Partei Ungarns untersteht.

»Sie selbst sind gar kein Zigeuner?«, fragt Markus den Direktor der Schule, der auch das Orchester leitet. »Nein«, sagt István Gerendási. »Aber mein Orchester besteht ausschließlich aus Zigeunern.«

Dann erläutert er das Konzept der Schule.

»Wir waren der Meinung, Zigeunermusik gehöre nicht nur in die Restaurants der Touristen, sondern auch auf die besten Bühnen der Welt. Mit diesem Konzept, nämlich ungarische Zigeunermusik von einem großen Zigeunerorchester spielen zu lassen, wurde das Rajko-Orchester weltberühmt. Dann gingen wir dazu über, nicht nur die typische Zigeunermusik zu spielen, sondern auch Musik der großen ungarischen Komponisten – wie Liszt, Bartók und Zóltán Kodaly. Dazu kommt, dass wir ein besonderes, ganz ungewöhnliches Instrument in unserem ansonsten ganz klassischen Orchester haben, die Zimbal. Und das gibt dem Orchester natürlich einen ganz besonderen, ja, ungarischen Klang.«

Für einen Zigeuner war es immer eine besondere Ehre, Mitglied im Rajko-Orchester zu sein, weiß ich von Dészö und auch von Markus, der ungeduldig neben mir auf dem Sofa im Büro des Orchesterchefs hin und her rutscht.

»Das ist auch heute noch so. Ein Mitglied im Rajko-Orchester zu werden ist so, als werde man Mitglied einer großen Familie von Musikern, die weltberühmt sind. Die meisten Musiker sind hier bereits seit ihrer Kindheit im Orchester, seit mehr als zwanzig, ja dreißig Jahren. Und es kommen immer wieder neue, junge Leute dazu.«

Jetzt kann Markus nicht mehr an sich halten: »Was sind das für Lehrer, die da unterrichten? Sind das Zigeuner oder sind das Ungarische?« Es macht ihn stutzig, dass der Chef selbst kein Zigeuner ist und dennoch ein Orchester leitet, das ausschließlich aus ungarischen Roma besteht.

»Die allermeisten Professoren, die an unserer Schule lehren, neunzig Prozent, sind Zigeuner. Sie haben am staatlichen Konservatorium studiert und beherrschen natürlich auch immer mehrere Instrumente.« Der Orchesterchef freut sich über das Interesse des fremden Zigeunermusikers.

»Diese sehr traditionelle und auch klassische Musik des Rajko-Orchesters ist ja nicht gerade populär bei den jungen deutschen Zigeunern, auch wenn unsere Alten sie für die eigentliche Zigeunermusik halten.« Markus fasst Mut. »Bei uns ist das mehr so Jazz-Musik und Swing, die bei uns Zigeunern populär sind. Aber wenn junge Geiger aus Deutschland diese ungarische Musik lernen wollten, könnten die hier nach Buda-

pest kommen und an der Schule studieren?« Seine Hintergedanken kann auch der Orchesterchef lesen wie in einem offenen Buch.

»Sie können hier Kurse absolvieren, Herr Reinhardt – nicht,
um Mitglied des Orchesters zu werden. Das geht leider nicht.
Aber Sie können an internationalen Sommerkursen teilnehmen. Da kommen auch jetzt schon viele ausländische Studen-
ten.«

Am Abend besuchen wir eines der großen Restaurants der
Stadt Budapest, wo an weiß gedeckten Tischen internationales
Publikum zum Diner versammelt ist. Ein so genannter Zigeu-
nergeiger geht von Tisch zu Tisch, beugt sich mit seiner Geige
zu den Damen hinunter und streicht ihnen einen Wiener Wal-
zer ins Ohr. Hinter ihm folgen die übrigen Musiker des kleinen Ensembles und schmieren mit Gitarren und Zimbal
Hintergrundmusik um den Geiger in den Saal. Von Zigeunermusik kann tatsächlich keine Rede sein. Dészö und Markus
sehen sich nur einmal an, dann bedeuten sie mir, dass sie gehen wollen.

Am nächsten Morgen ziehen wir mit Dészö zum Bahnhof.
Auf dem letzten Gleis steht schon der Schwarze Zug, der Ex-
press nach Nyiregyháza und Mátészalka, in den äußersten Osten Ungarns. Von dort sind es nur wenige Kilometer mit dem
Überlandbus nach Fábiánháza, wo Dészös Familie wahrscheinlich schon ungeduldig vor dem Prészó warten wird.
Diesmal hat es nicht geklappt mit dem Job in Budapest.

Wir verabschieden uns mit den einzigen Worten, die wir gemeinsam haben: »Wodka Tonic!« Dészö winkt, hält den Daumen hoch, Markus winkt zurück: »Wodka Tonic!« Es klingt
wie ein magisches Zauberwort. Wie eine Verschwörung.

Irgendwann wird der Kapitalismus auch in das weltenferne
ungarische Dorf an der rumänischen Grenze kommen, in die
Gegend um die malerische Theiß, wo in jedem Dorf ein Stor-
chenpaar nistet, und wo Markus zum ersten Mal in seinem Leben einer Nachtigall gelauscht hat.

Vielleicht ist dann der kleine Dany schon ein gestandener Mann und ein großer Geiger dazu. Und dann wird er mit seinen Eltern und den Freunden nach Budapest gehen, dahin, wo das Leben ist.

Budapest:
Die Heimat der Zigeuner?

Und dann dieser Blick, dieser einzige Augenblick des Wieder-
erkennens, wenn die Augen eines ungarischen Rom die Augen
des deutschen Sinto Markus' treffen: Wir sind von derselben
Art, wir kennen uns. Du und ich, wir haben dieselbe Geschichte, gehören zum selben Volk, leben dasselbe Leben. Da
passt keine Geigensaite dazwischen, und das lässt mich der
Freund und Jazzgeiger spüren, wenn wir noch spät durch das
nächtliche Budapest laufen und einen Ort suchen, den er genau zu kennen glaubt, dann aber nicht wiederfindet.

Schließlich steigen wir die Kellertreppen des Giero-Restau-
rants hinunter, weil wir einen Tipp bekommen haben: Hier soll
noch echte Zigeunermusik gespielt werden. Nicht solcher
Schmarrn wie in den Touristenhotels und Restaurants der ungarischen Hauptstadt. Und der Tipp stammte von einem Zigeuner, von Andor Ürmös aus dem Erziehungsministerium,
der selbst ein Rom ist.

Wir hatten Andor am Vormittag im Erziehungsministerium
besucht. Andor Ürmös ist Beauftragter für Fragen benachtei-
ligter Minderheiten, und er hat ein wunderbar großes Eckbüro
mit Blick auf den zentralen Platz am Ende der Váci-Straße,
mitten im Zentrum.

»Wir haben einen ganz besonderen Zugang zum Problem
ethnischer Minderheiten, der bereits aus dem 19. Jahrhundert stammt. Die Revolution 1898 war eng verbunden mit
der Frage der ethnischen Minderheiten wie Slowaken, Ru-
mänen, Serben, Ukrainer, die alle hier im Land lebten. Und
deshalb war Ungarn förmlich verpflichtet, sich um diese Probleme zu kümmern. Auch später dann im letzten Jahrhun-

dert. Und deshalb hat Ungarn einen besonderen historischen Hintergrund.«

Andor kennt die Geschichte seines Landes und weiß um die Bedeutung für die eigene Minderheit, für die Zigeuner. »Nach dem Übergang 1990 war das ungarische Parlament das erste in Osteuropa, das die Frage der ethnischen Minderheiten auf die Tagesordnung setzte. Das Ergebnis war das Gesetz zum Schutz der Minderheiten 1993.«

Das kennen wir schon. Aber die Roma wollen ja gar nicht integriert werden. Und eine beschützte Minderheit wollen sie ja offenbar auch nicht sein.

»Es ist zwar sehr wichtig, dass ethnische Minderheiten ihre Kultur und ihre Traditionen bewahren können«, sagt Andor. »Und das ist auch im Gesetz festgeschrieben. Aber der eigentliche Punkt ist die soziale Integration. Und die betrifft alle armen Leute in Ungarn, ob sie nun einer Minderheit angehören oder nicht. Aber natürlich sind die ungarischen Roma sehr überrepräsentiert in dieser Gruppe.«

Mir fällt die Geschichte von Nan Joyce und ihrer Chinesischen Mauer ein. Und von den Reservaten, die sie im Traum sieht. »Eine Zigeunerin in Nordirland sagte uns einmal: Was diese Regierungen wollen, ist, dass sie uns in ein Reservat stecken können, in einen Zoo, wo die Leute uns anschauen können, sauber und wohlgenährt.«

Andor lacht. Aber dann wird er wieder nachdenklich. »Unglücklicherweise kann man diesen Ansatz in verschiedenen anderen osteuropäischen Ländern beobachten. Aber ich denke, das ist nicht überall so.« Dann erzählt er uns, welche Diskriminierung er selbst erlebt hat.

»Als ich einmal in eine Kneipe gehen wollte, vor ungefähr einem Jahr, da ist das passiert.« Jetzt lacht er wieder. Für einen hohen Beamten hat er ziemlich viel Humor. »Ich weiß, was es bedeutet, diskriminiert zu werden. Sie hielten mich mit meinen Freunden am Eingang einer Diskothek an und verlangten einen Mitgliedsausweis. Den hatten wir natürlich nicht. Und wir sagten, o.k., wir verstehen. Aber fünf Minuten später kamen zwei blonde Damen und gingen in die Kneipe, ohne einen Mitgliedsausweis vorzeigen zu müssen. Es war also klar, dass es daran lag, dass wir Zigeuner waren.«

Nun mag das schon ein Unterschied sein, ob zwei blonde Damen in ein Lokal wollen oder eine Gruppe von Zigeunern …

»Natürlich! Und wenn ich der Türsteher gewesen wäre in der Kneipe, hätte ich dasselbe getan.«

Und dann gibt er uns den Tipp, ins Giero-Restaurant zu gehen, nicht weit vom Franz-Liszt-Platz, einem touristischen Highlight von Budapest mit Dutzenden von Restaurants, die Tische und Stühle unter malerischen Platanen aufgebaut haben.

Unser so genanntes Restaurant besteht allerdings nur aus drei Tischen in einem feuchten Kellergewölbe, das teilweise mit Tüchern abgehängt ist. Die Theke ist ein langer Tisch jenseits der Tür, auf den sich die beiden korpulenten Wirtinnen gelehnt haben, während sie gelangweilt Zigaretten rauchen und die vier Touristinnen beobachten, die schon seit einiger Zeit an einer einzigen Cola trinken.

Die Tischdecken sind aus Wachs und kleben ein bisschen an den Armen, wenn man sich aufstützt. Ansonsten gibt es noch die Musiker in dem Gewölbe, womit das Restaurant denn auch schon zur Hälfte gefüllt ist.

Also das Orchester. Als habe man eine Karikatur in Szene gesetzt, schmal und zerbrechlich, schwarz gekleidet, mit brennenden, fast fiebrigen Augen eine der blonden Touristinnen fixierend, schwelgend in alten Melodien, die er mühelos miteinander verwebt: der Geiger. Der massige Zimbalist steigt überraschend sanft ein, während der große, hagere Geiger in seinem schwarzen, abgewetzten Anzug und einem ehemals wohl weißen Hemd selbstvergessen das Thema vorgibt. Breitbeinig sitzt der Gitarrist neben der Zimbal und hält die Augen geschlossen. Der dicke Bassist hängt förmlich an den Augen des Geigers, die rot unterlaufen sind – ich nehme an, von Schlaflosigkeit und Hunger und Drogen und Rotwein.

Aber dann genügt ein Wink mit den Augenlidern, und eine fast rührend alte Musik aus den Weiten Ungarns und aus den Dörfern am Rande der Puszta umfängt uns, plätschert ein wenig vor sich hin und steigert sich dann in einen pulsierenden Rhythmus, der uns die nächsten zehn Minuten gefangen nimmt.

Später, in einer Pause, sitzen wir mit István Luso, dem Geiger, beim Rotwein (also doch). Seit zwei Jahren spielt er jeden Abend hier in diesem Keller, und er weiß, dass er als Geheimtipp gilt.

»Nirgendwo wird mehr diese Musik gemacht, diese ganz traditionelle Zigeunermusik, die vom Land kommt, aus dem Osten Ungarns, wo die Zigeuner früher gelebt haben. Und wo viele auch heute noch leben.« Er streicht sich mit den langen Fingern durch das fettige Haar und lächelt. Markus hat sofort einen Namen für ihn: der Teufelsgeiger. Und er meint wahrscheinlich nicht nur die Art, wie der Geiger seine Musik inszeniert, sondern auch sein Aussehen.

Markus: »Und was ist mit Jazz?« – »Da bist du besser!« István deutet auf meinen Reisegefährten und lacht.

In der Familie von István Luso waren alle Männer Musiker: der Vater, der Großvater, auch von mütterlicher Seite. »Und kannst du von deiner Musik leben? Ich meine Brot und Milch und Bier und all das.« – »Ja. Aber wir sind viele in der Familie. Und wir leben alle zusammen in einem Haus, einer Wohnung, und jeder hilft natürlich auch denen, die nicht so viel Geld haben.«

Dass Istvan eigentlich zu denen gehört, die chronisch schlecht bei Kasse sind, erfahren wir, als Markus den Bogen des Geigers näher betrachtet. »Das ist doch kein Violinbogen?«, wundert er sich. Tatsächlich hat der Teufelsgeiger vor kurzem seinen Geigenbogen versetzt, dafür hat ihm der Bratschist einen seiner Bögen gegeben.

Markus kann sich nicht trennen von seinem neuen Freund, und während ich schon ungeduldig auf der Straße stehe und den Touristen zuschaue, die unter den Platanen sitzen und riesige Schalen mit Gulaschsuppe essen oder typisch ungarische panierte Fleischbrocken auf Kartoffeln mit viel Sauce, hockt Markus immer noch neben István und lauscht gebannt dieser fremden Musik, die nun endlich so klingt wie das, was die alten Sinti ihm als ungarische Musik beigebracht haben. »In Ungarn ist unsere Heimat«, hatte sein Vater immer gesagt. »Da machen sie unsere Musik.«

Im Büro des Ministerpräsidenten treffe ich Gabriela Igloi, eine alte Bekannte, die unter anderem für die vielen Nichtregierungsorganisationen zuständig ist, die sich um die Roma Ungarns kümmern. Und ich stelle die Frage, die mich seit Wochen umtreibt, vor allem hier in Ungarn, dem angeblichen und so genannten Land der Zigeuner.

»Hat die weiße Bevölkerung, die Mehrheit also, einen Grund, die schwarze, die Roma-Bevölkerung abzulehnen?«

Gabriela überlegt einen Augenblick. »Ich glaube, der Hauptgrund liegt darin, dass sie die Kultur der Roma nicht kennen. Sie kennen sie jedenfalls nicht gut genug, um überhaupt ein Urteil abgeben zu können. Und was einem fremd ist, unbekannt, das lehnt man gern ab. Weil es einen beunruhigen, unsicher machen könnte.«

Jedenfalls ist Gabriela stolz darauf, dass die Sympathie-Kampagne, die sie vor einigen Jahren organisiert hat, so erfolgreich war:

»Der Anteil der Bevölkerung, der Roma total ablehnt, ist um zehn Prozent gesunken. Und der Anteil der Bevölkerung, der die Minderheit der Roma akzeptiert, ist auf nunmehr zweiundzwanzig Prozent gewachsen.«

Einer, der die Zigeuner wirklich gut kennt, ist der ungarische Regisseur Pál Schiffer, der mir einmal ein Stück seiner eigenen Geschichte erzählte, die einen ganz eigenen Bezug zur Welt der Roma hat.

»Im Jahr 1950, als ich gerade elf Jahre alt war, lebte ich in einer wunderschönen Villa in Budapest. Jeden Morgen brachte mich ein schwarzer Mercedes zur Schule, zu einer Eliteschule natürlich, und damals war ich davon überzeugt, dass nicht nur ich und meine Brüder, sondern dass alle jungen Leute in Ungarn ein so schönes Leben hätten. An einem Abend im April 1950 wurden plötzlich mein Vater und mein Großvater verhaftet und ins Gefängnis gebracht, und die ganze Familie musste nach Debrecen gehen, einer Stadt im Osten Ungarns, wo wir plötzlich arm und ohne Einkommen leben mussten. Aber der wirkliche Schock war nicht, dass die Hälfte meiner Familie ohne jeden Grund plötzlich im Gefängnis saß, sondern die Wirklichkeit kennen zu lernen: jene ländliche Wirklichkeit rund um Debrecen, wo ich feststellen musste, dass die Menschen überhaupt nicht glücklich waren, überhaupt kein schönes Leben führten, wo Menschen fast Hungers starben. Und obwohl ich später nie genau hätte sagen können, warum ich Filme machte über Landarbeiter und Zigeuner und Ausgestoßene, so habe ich doch eines Tages verstanden, dass es damit zu tun hat, dass ein Intellektueller – im sozialistischen Sinne des Wortes – die Pflicht hat, die Wirklichkeit seines Landes nicht nur wahrzunehmen, sondern sie auch zu beschreiben. Damit auch andere wahrnehmen, was im eigenen Land geschieht.«

Pál Schiffer hat viele Dokumentarfilme gemacht, aber auch Spielfilme – und immer handelten sie von den weniger Privilegierten, von denen, die nicht als Kinder in schwarzen Mercedes-Limousinen zur Schule gebracht wurden.

»Außerdem lernte ich in jener Zeit in Debrecen, dass das Problem der Zigeuner nicht nur ein ethnisches Problem ist, sondern vor allem ein soziales. Ich stellte fest, dass sehr viele Menschen unter ähnlichen sozialen Bedingungen lebten wie die Zigeuner, dass ihr Leben davon bestimmt wird, welche sozialen Bedingungen sie vorfinden.«

Pál macht eine lange Pause in seiner Geschichte, und ich sehe, dass es ihn Überwindung kostet, über seine Identität mit einem fremden Menschen, noch dazu einem Deutschen, zu sprechen.

»Dazu kommt ein sehr persönlicher Grund, der damit zu tun hat, dass ich Jude bin. Ich habe die Verfolgung der Juden in Ungarn miterlebt, diese schreckliche Erfahrung, ein Jude zu sein in einem Land, das von den Deutschen besetzt war. Viele Juden meiner Generation haben noch heute eine große Scheu, über ihre jüdische Identität zu sprechen, aber sie setzen sich energisch für andere ethnische Minderheiten ein – auch für die Zigeuner. Für mich kam etwas ganz Intimes hinzu: Als ich die Zigeuner kennen lernte, spürte ich plötzlich diese Gemeinschaft um mich herum, die mich aufnahm, diese Wärme, man nennt es auf Deutsch wohl Nestwärme, die ich immer vermisst hatte. Aber ich hatte davon gehört: Mein Großvater hatte in derselben Wärme der Gemeinschaft von Juden gelebt – im Schtetl. Natürlich waren wir verschieden – Juden und Zigeuner –, aber immer hatte ich nach dieser Wärme gesucht, diesem Familienzusammenhalt, dieser Gemeinschaft, die ich spürte, als ich bei den Zigeunern war.«

Pál Schiffer schließt seine Geschichte. Und er findet tatsächlich die Worte, die auch mein Engagement beschreiben, seit jenem Konzert in einer Schule für Behinderte, wo ich zum ersten Mal eine Gruppe von Zigeunern kennen lernte. Damals wusste ich nicht, dass es einen Unterschied ausmacht, ob man mit einem Sinto zusammen ist oder mit einem Rom, ich kannte weder Gitanos noch Travellers. Tutti Reinhardt spielte damals das Akkordeon, Lila spielte den Kontrabass, Hempelo spielte Gitarre und Seggelo die Geige. Als wir später ein kleines Fest für alle Mitwirkenden feiern sollten, schickten die Alten ihre Söhne. Einer von diesen jungen Männern war Markus Reinhardt.

»Aber eigentlich ist es egal, wohin man geht, mit wem man sich zusammenschließt – solange man ein Prinzip hat, wonach man Menschen auswählt, mit denen man leben will. Und so lange man Zeit genug hat und Geduld. Dann trifft man die grundsätzlichen menschlichen Bedürfnisse und Gefühle: Würde, Liebe, Wärme, Familienbindungen, Kampf gegen Unterdrückung.«

Damals waren die Zigeuner in Köln weit davon entfernt, sich gegen irgendetwas oder irgendjemanden aufzulehnen. Sie waren dankbar, dass ihnen die Stadtverwaltung kleine Häuser hingestellt hatte, und dass sie nun nicht mehr in den Eisenbahnwaggons leben mussten, die so ungesund waren, vor allem für die Kinder. In ihrer Dankbarkeit erinnerten sie sich auch nur noch, wenn sie allein waren, unter Tränen an die Zeiten in den Konzentrationslagern. Wiedergutmachung lehnten die meisten ab. Sollten sie dafür Geld nehmen, dass sie überlebt hatten und die anderen, die vielen anderen nicht? Und auffallen wollte nach den Erfahrungen des Dritten Reiches niemand mehr.

»Ob ich also Filme über Zigeuner oder Landarbeiter mache – in Wirklichkeit suche ich die Menschen, die für ihre Autonomie, ihre Selbstverwirklichung kämpfen – sozial und politisch. Wenn ich also Filme mache, war dies die Botschaft und ist dies immer noch meine Botschaft: die Selbstbestimmung des Menschen. Das ist das Ziel des Menschen, das ist seine Bestimmung. Hier liegt seine Sehnsucht.«

Wie hatte Giga Reinhardt aus Freiburg gesagt: »Meine Heimat, die habe ich bei denen gefunden, die meine Sehnsucht teilten.«

Shutka:
Wieder auf der Flucht

Solange sie denken können, waren sie auf der Flucht. Die Mär vom friedlichen Umherziehen ist längst widerlegt. Jedenfalls gilt das für das letzte Jahrhundert. Entweder wurden sie gezwungen sich anzusiedeln, oder man jagte sie über die verbrannten Felder des Kosovo, durch die zerbombten Dörfer Serbiens, aus den menschenleeren Städten Bosnien-Herzegowinas. Man vertrieb sie von den Campingplätzen der Touristen und von den brachliegenden Feldern der einheimischen Bauern, man isolierte sie in Gettos und überließ sie ihrem Schicksal im Elend der Kriege zwischen Aufständischen und Militär. Und man überwachte sie aus Hubschraubern in den zerbombten Dörfern entlang der Grenze zwischen Serbien und Mazedonien.

»Vlaho und Vitan, die Ägypter«, heißt es in einer serbischen Chronik aus dem Jahr 1361, »verlangen in der fürstlichen Kanzlei von Dubrovnik, dass ihnen der Goldschmied Raden Bratoslavič acht große silberne Armreifen zurückgeben solle, die sie bei ihm hinterlegt hatten.« Ob die beiden Zigeuner vom Serben Raden Bratoslavič ihr Silber zurückbekamen, meldet die Chronik von Dubrovnik nicht.

Die so genannten Ägypter, die Roma, sind nun also auch auf dem Balkan angekommen und werden zum ersten Mal urkundlich erwähnt.

1407 erreichen die ersten Zigeuner dann Deutschland und werden in Hildesheim als »Tataren« empfangen, wie es in einer zeitgenössischen Chronik dort heißt. Nur neun Jahre später müssen sie fliehen.

In der »Meißener Chronik« heißt es im Jahr 1416, dass

Markgraf Friedrich der Streitbare die »Zigani, einen umherirrenden und schädlichen Menschenschlag, wegen ihres Stehlens, ihrer Hehlerei und ihres liederlichen Lebenswandels« aus seiner Markgrafschaft vertreiben ließ.

Das Drama der Vertreibungen hielt sechs Jahrhunderte an und dauert fort bis heute. In der mazedonischen Hauptstadt Skopje arbeitet immer noch eine Vertretung des Hochkommissars der Vereinten Nationen für Flüchtlinge, entlang der Grenze Mazedoniens zum Kosovo gibt es immer noch Flüchtlingslager, und nicht weit von Skopje liegt die Stadt Shutka, die fast ausschließlich von Zigeunern bewohnt ist. In Mazedonien spiegelt sich das Schicksal der Roma des Balkans.

»Der Hohe Flüchtlingskommissar der Vereinten Nationen unterstützt auch jetzt, nach dem Kosovo-Konflikt, immer noch Flüchtlinge aus dem Kosovo, von denen fünfundneunzig Prozent tatsächlich Roma und andere Zigeuner sind«, sagt die Büroleiterin Catherine Walker. »Unsere politische Position ist zur Zeit, dass die Situation im Kosovo für die meisten Minderheiten nicht sicher ist. Und wir empfehlen dringend, diese Menschen nicht zurückzuführen. Wir glauben, dass wir warten sollten, bis die Gespräche über den Status des Kosovo sehr viel weiter fortgeschritten sind und bis es eine Lösung gibt, ein Licht am Ende des Tunnels für diese Menschen.«

Seit den Kriegen im ehemaligen Jugoslawien sind nach Angaben des Flüchtlingshochkommissars der Vereinten Nationen mehr als zwei Millionen Menschen aus ihren Heimatdörfern vertrieben worden und in den letzten Jahren wieder zurückgekehrt. Aber immer noch sind mehr als sechshunderttausend Menschen auf der Flucht. Das größte Problem stellen dabei die Minderheiten aus Serbien und dem Kosovo dar. Viele von ihnen halten sich weiterhin in Zentraleuropa auf, vor allem auch in Deutschland. Andere wohnen inzwischen in Mazedonien und haben sich dort integriert.

In Mitrovica, im Norden des Kosovo, nicht weit von der Grenze zu Serbien, gibt es keine Roma mehr. Hier lebten Tausende von ihnen gemeinsam mit Aschkali und so genannten Ägyptern, ebenfalls ursprünglich Nomaden, aber mit den Roma wohl nicht verwandt. Eine ehemalige Bleimine hat das Land in eine tödliche Abraumhalde verwandelt, und die Roma und ihre Nachbarn flohen nicht nur vor den Albanern, die Anspruch auf dieses Land erhoben, sondern auch vor dem Gift, das Gesundheitsexperten für »höchst gefährlich« einschätzen.

Inzwischen wollen die Roma wieder zurück in ihre Siedlung am Rand von Mitrovica, die eine der größten im Kosovo ist, und sicher einmal auch eine der schönsten und reichsten war. Sie kommen aus dem Lager Zitkovac, Männer und Jungen, und sie bauen wieder auf, was vor vielen Jahren von den albanischsprachigen Kosovaren zerstört wurde. Wenn sie am nächsten Tag zurückkommen, hat wieder jemand die Hütten in Brand gesteckt, und über Nacht ist all das zerstört, an dem sie gearbeitet haben.

Wieder im Büro des Flüchtlingshochkommissars der Vereinten Nationen in Skopje. »Wäre das auch Ihr Rat an die deutsche Regierung oder an deutsche Politiker, die über die Rückführung von Flüchtlingen in den Kosovo zu entscheiden haben? Sollte man noch warten, bis die Situation friedlich geworden ist?«, frage ich die UNO-Vertreterin Catherine Walker.

»Ja, das wäre mein Rat, besonders deshalb, weil auch die Aufnahmekapazität im Kosovo sehr begrenzt ist. Wenn man jemanden dorthin zurückschickt, sollte man sicherstellen, dass dieser Mensch auch überleben kann – ein Dach über dem Kopf, eine Arbeit, damit man sich selbst versorgen kann. Und das trifft im Kosovo zur Zeit nicht zu.«

Es wird auch wohl noch einige Jahre brauchen, bis eine Lösung für den Kosovo gefunden ist. Die Serben beanspruchen auch weiterhin beharrlich die südliche Provinz, die Unabhängigkeitsbestrebungen der albanischen Kosovaren finden keine politische Unterstützung bei den internationalen friedensbewahrenden Streitkräften. Das Land, schroff und unwirtlich, bleibt ein Zankapfel zwischen den Völkern. In der Mitte und ohne Anspruch auf Land, aber auf friedliches Leben, die Roma.

Durch die Berge und Täler des Balkans, an funkelnden Bächen entlang und vorbei an glitzernden Seen, in denen sich alte Klöster spiegeln: Das ist Mazedonien. Aber auch das ist Mazedonien: gebeutelt von den Kriegen zwischen den Völkern des ehemaligen Jugoslawiens, gleichzeitig leidend unter den Folgen einer ethnischen Auseinandersetzung zwischen Mazedoniern und Albanern im eigenen Land, immer noch vorübergehende Heimat von Tausenden von vertriebenen Roma.

Sie haben inzwischen eine eigene Stadt, die Zigeuner des Landes, und vor Shutka werde ich natürlich gewarnt. »Da geht man nicht alleine hin«, sagt mir ein Freund. »Die meisten Verbrechen in Mazedonien werden von Zigeunern begangen.« Keine Statistik bestätigt das Vorurteil, aber es hält sich wie Pech und Schwefel.

»Du bist ein Deutscher«, sagt die dreizehnjährige Ramona, die ich vor ihrer Schule treffe. »Ich bin eine Roma.« Als sei dies eine Nationalität. »Aber ich bin auch Mazedonierin.«

Dabei stammt ihre Familie aus dem Kosovo, wo sie vor den Serben geflohen ist. Und natürlich spricht Ramona die Sprache ihres Volkes. Aber sie benutzt Romanes nur selten in der Schule. »Es sei denn, ein Lehrer ist in der Nähe.« Die Lehrer sprechen nicht die Sprache der Zigeuner.

Alle sprechen Romanes, Markus wäre sehr zufrieden gewesen. Aber auf dieser Reise konnte er nicht dabei sein.

Kann man Romanes wie eine Geheimsprache benutzen, damit die anderen Schülerinnen und Schüler nicht alles mitbekommen? »Es gibt nichts zu verstecken, wenn man ein Rom ist.« Ramona ist so stolz wie alle Zigeuner, die ich bisher in meinem Leben getroffen habe. »Genauso wie man nichts verstecken kann, wenn man Mazedonisch spricht. Wenn ich mit meiner Freundin in Rom spreche, sage ich das ganze noch mal zu meiner mazedonischen Freundin, damit sie das auch versteht. Und das gibt es ja auch, dass ein Rom etwas nicht auf

Mazedonisch weiß. Dann sagen wir es ihm. Wenn es nicht gerade ein Geheimnis ist.«

Die Hauptstadt Skopje ist voller Kinder, die Autoscheiben waschen, Fahrradklingeln verkaufen, Musik machen oder auch nur auf den breiten Alleen und vor den Einkaufszentren lautstark ihre Trommeln schlagen. Es sind die Roma-Kinder, deren Familien unter anderem am Fluss Vardar, der die Altstadt von der modernen Stadtmitte trennt, in Hütten und Zelten wohnen. Hier sammeln sie Müll: Flaschen, Plastik und Metall, den sie einer städtischen Verwertungsgesellschaft weiterverkaufen.

Polizisten patrouillieren über den großen Mazedonien-Platz, der von den naiv geschlagenen Kindertrommeln widerhallt, aber niemand kümmert sich um die Kinder, die verdreckt in den Rinnsteinen hocken. »Wir brauchen keine Visa«, sagt der Bürgermeister von Shutka mit Blick auf all diejenigen, die versuchen, nach Mitteleuropa auszuwandern. »Was wir brauchen, das sind Diplome. Wir brauchen Bildung und Ausbildung für unsere nächsten Generationen.«

Also besuche ich ihn, aber zuerst gehe ich in eine Schule, wo Roma und andere Kinder, die nicht Zigeuner sind, gemeinsam die Schulbank drücken.

»Ich lebe mit Vater und Mutter zusammen, ich habe einen Bruder, der heißt Amir, und ich hab zwei Schwestern, eine ist in Deutschland verheiratet, und eine lebt hier. Die geht jetzt nach Frankreich.«

Der kleine Junge, der da vor mir auf dem Plastikstuhl einer Eisdiele sitzt, die genau der Basil Glavinov Schule gegenüberliegt, heißt Ali und ist zwölf Jahre alt. Seine Familie ist typisch für die Situation der Roma in Mazedonien: Alle wollen weg. Deutschland und Frankreich gehören zu den beliebtesten Zielen.

Auch der dreizehnjährige Jichan hat eine solche Familie: »Ich lebe mit meiner Mutter, meinem Onkel, dem Großvater und zwei Schwestern. Mein Vater ist in Deutschland.« Aber er weiß nicht, wo in Deutschland der Vater arbeitet. Zweimal im Jahr kommt er nach Skopje und besucht seine Familie, bringt Geld mit und staunt, wie groß seine drei Kinder inzwischen geworden sind.

Der sensible Jichan will Künstler werden, Maler oder vielleicht auch Bildhauer. Und sein Freund Ali wird Polizist. »Ich will Streit schlichten, wenn zwei sich zanken. Und ich will sie hindern zu stehlen. Und sie sollen immer die Wahrheit sagen.«

Endlich in Shutka. Ein Freund begleitet mich, weil es ja so gefährlich sein soll, die Stadt der Zigeuner zu besuchen, die eine halbe Stunde von Skopje entfernt in der Mittagssonne brütet. Es ist drückend und feucht, und es stinkt nach Ziegen und Schafen, die gerade heute auf Lastwagen und Pritschenwagen gleich neben dem Rathaus angeboten werden. Auf dem Markt hinter dem neuen Verwaltungsgebäude gibt es lange Kleider zu kaufen und gebügelte Hosen, Socken und Schuhe. Morgen beginnt ein großes Fest hier bei den Zigeunern von Shutka, eine Art religiöses Stadtfest, an dem natürlich alle teilnehmen. Überall liegt Abfall herum, weiße Plastiktüten kleben an den Zäunen. Mitten in all dem Durcheinander spielen kleine Jungen Fußball.

Dann gehe ich ins Rathaus von Shutka, dieser merkwürdigen Stadt, die einmal Gegenstand eines Dokumentarfilms war. Immerhin ist es eine Stadt mit mehr Zigeunern oder Roma, als irgendwo sonst in Mazedonien. Der Bürgermeister heißt Erduan Iffendi, und wir kennen einander schon. Vor einigen Monaten wurde der Film über Shutka im Kino gezeigt, und vor dem Filmtheater stand eine Gruppe von Roma mit Plakaten, die gegen den Film protestierte. Erduan Iffendi war einer von ihnen.

Jetzt stehen wir am Fenster seines Büros und blicken auf den Markt und das Durcheinander und den Müll überall. »Typisch«, sagt er. »Typisch für die Zigeuner. Alles ist immer dreckig. Selbst am Tag vor dem großen Fest.« Aber da kommen die ersten Arbeiter von der Stadt und beginnen aufzuräumen.

»Erinnern Sie sich? Wir standen beide vor dem Kino, und Sie demonstrierten gegen den Film über Shutka, der Ihrer Meinung nach gegen Ihre Stadt gerichtet und voller Vorurteile war. Was ist aus Ihrem Protest geworden? Und wogegen haben Sie eigentlich protestiert?«

»Wir haben gegen die Vorurteile und Stereotype, die in diesem Dokumentarfilm gezeigt wurden, protestiert. Eigentlich wollte der Film die Highlights von Shutka zeigen, in Wirklichkeit war er sehr parteiisch und zeigte die negativen Seiten der gegenwärtigen Situation unserer Stadt.«

Der Protest wurde von der Presse am Rande wahrgenommen, aber niemand hat sich ernstlich deswegen aufgeregt. Niemand in Mazedonien, abgesehen von den Zigeunern selbst, findet die Roma wirklich interessant und würde sich einen Film über Shutka ansehen. Nach drei Tagen war der Film aus dem Kino verschwunden.

Erduan Iffendi ist ein hochgewachsener, kräftiger Mann, mit relativ dunkler Hautfarbe und schwarzen Haaren. Er thront in seinem Nadelstreifenanzug hinter seinem Schreibtisch, der voller Nippes steht, und wenn er spricht, breitet er immer wieder die Arme aus oder zeigt mit dem Zeigefinger in die Luft. Shutkas Bürger haben ihn schon zum zweiten Mal zum Bürgermeister gewählt, und Shutkas Bürger sind ebenso Roma wie der Bürgermeister selbst.

»Die Mehrheit, rund fünfundsiebzig Prozent der Bevölkerung sind Roma, der Rest Albaner, Mazedonier und Bosnier.« Erduan Iffendi streicht fast genüsslich über seinen Bauch. »Vierzigtausend Einwohner ganz genau, insgesamt 5.125 Haushalte.«

Ich komme noch einmal zurück auf den Film: »Sind Roma empfindlicher als andere Leute? Wenn ja, warum?«, frage ich.

»Die Roma haben diesen Komplex in ihren Erbanlagen, dass sie immer die zweitbesten Bürger sind. Wir sind ständig im Kampf und wollen immer wieder neu beweisen, dass wir gleich sind. Wir versuchen also, die Unterschiede zwischen der Roma-Minderheit und der Mehrheit, die nicht zur Roma-Gemeinschaft gehört, zu vermindern.«

»In Shutka sind die Roma in der Mehrheit«, sage ich.

»Hier diskriminieren die Roma den Rest.« Erduan bleibt ganz ernst. Dann lacht er laut los. »Nein, das ist ein Witz.«

»Wirklich? Ein Witz?« Ich glaube ihm nicht, irgendwie macht er den Eindruck, als dürfe man ihm nicht über den Weg trauen.

Aber er wird wieder ganz ernst. Und Politiker: »In Shutka haben wir erreicht, dass wir gemeinsam planen, entscheiden und lernen. Wir haben gezeigt, dass wir verantwortlich sein können, dass wir gute Manager sind, gute Politiker, und dass wir Bürgerdienste leisten können für die einzelnen Bürger und die Gemeinde.«

»Wie gewinnt man hier Wahlen?«

»Indem man nicht die Wahrheit sagt.« Wieder so ein Hammer. Erduan könnte sich ausschütten vor Lachen. Und doch glaube ich jetzt jedes Wort. Immerhin haben wir jetzt den Punkt im Interview erreicht, an dem es keinen Weg mehr zurück gibt.

»Das ist natürlich wieder ein Witz. Aber es stimmt: Irgendwie müssen Politiker immer Informationen manipulieren. Und meine Politik bestand immer darin, den Leuten das zu erzählen, was sie hören wollten. Damit qualifiziert man sich zum Politiker.«

»Also Dinge zu versprechen, die man nicht einhalten kann.«

»Ja, genau, Versprechen nicht halten und nie Ja sagen. Zwei wichtige Bedingungen.«

»Trifft das typischerweise für einen Roma-Politiker zu oder gilt das ganz allgemein?«

»Das gilt ganz generell so. Nehmen Sie doch nur den amerikanischen Präsidenten Bush. Also: Ganz generell.«

»Zwischen Ihnen und Bush gibt es gewisse Unterschiede …«

»Von Politikern heißt es doch ganz allgemein: Entweder du bist zum Politiker geboren oder du musst es lernen. Ich denke,

Politik ist ein Geschäft. Ich bin jetzt einunddreißig Jahre, Doktor der Zahnmedizin, und mein zweites Mandat habe ich gewonnen, weil ich die Unterstützung der jungen Generation hatte. Und die Unterstützung von denen, die eine Vision haben. Und bisher habe ich eine Menge geschafft, was auf der sozialen Agenda der Gemeinde stand.«

Mit dem Wort Agenda hat er mich wieder. Er ist der geborene Politiker, um nicht zu sagen: das geborene Schlitzohr. Aber er ist sympathisch.

»Die Gemeinde wurde größer, wir haben den Haushalt gesteigert, wir haben siebenundneunzig Prozent der Straßen ausgebessert, wir haben einen Fäkaliensammler eingerichtet, der über eine Million Euro gekostet hat, wir wollen eine Oberschule aufbauen. Aber das größte Problem Shutkas ist die Arbeitslosigkeit. Wie Sie wissen, ist Mazedonien ein Übergangsland, und vor allem die Roma-Gemeinschaft trägt schwer an diesem wirtschaftlichen Übergang. Die Arbeitslosigkeit ist hoch, die Zahl der Sozialhilfeempfänger wächst, viele Roma wandern nach Mitteleuropa aus – und hier erwarte ich von der internationalen Gemeinschaft Unterstützung.«

Wie soll diese Unterstützung aussehen?

»Wir brauchen mehr Erziehung und Bildung, dann können wir auch unsere Probleme selbst lösen. Solange Roma arbeitslos sind, werden sie wegen ihrer mangelnden Ausbildung das Land verlassen und die europäischen Straßen überfluten, mitsamt ihren sozialen Problemen. Und sie werden damit den Vorurteilen gegenüber Roma noch mehr Nahrung liefern. Wir müssen uns also besser bilden und ausbilden.«

Ich frage ihn, ob er unter diesen Voraussetzungen noch irgendetwas versprechen kann, was er auch halten wird?

»Was ich gern versprechen würde und worauf ich mich konzentriere, das ist der Aufbau der örtlichen Oberschule. Und mein Traum besteht darin, dass ich meine Leute auffordern möchte, die europäischen Träume aufzugeben, also aufzuhören, bei den Europäern zu betteln. Der europäische Traum findet hier in Shutka statt: Wir müssen Bildung und Ausbildung schaffen und geschätzte und respektierte Bürger werden, die dazu beitragen, dass unsere Gemeinde sich weiter entwickelt.«

Auf der Straße hinter dem Rathaus spielen die Jungen immer noch Fußball. Wenn es eine Sache gibt, die sie alle vereint, diejenigen, die Zigeuner sind und diejenigen, die es nicht sind, dann ist es der Fußball.

Den Ersten frage ich gleich, ob er ein Zigeuner ist. »Du bist ein Rom, nicht wahr?«

»Ja.« Die anderen hören jetzt auch auf zu spielen und stehen im Kreis um uns herum.

»Und was ist der Unterschied zwischen dir und mir?«

»Da ist kein Unterschied. Der Unterschied ist vielleicht, dass du größer bist als ich.«

»Nur größer? Kein anderer Unterschied?«

Jetzt fühlen sich auch die anderen herausgefordert, alle reden durcheinander. Schließlich sagt einer:

»Der Unterschied zwischen Mazedoniern und Roma? Das ist leicht. Das ist unsere Sprache. Wir sprechen Roma.«

»Und wenn du mit mir tauschen könntest, würdest du tauschen?«

Wieder großes Durcheinander. »Ja, würde ich.« – »Klar!« – »Aber sicher!«

»Und warum?«

Noch mehr Durcheinander. Schließlich setzt sich einer durch: »Ich will auch reich sein. Wie du!«

Ein anderer: »Ich möchte gern nach Deutschland gehen. Dort arbeiten.«

»Warum ist Deutschland besser als hier?«

»Hier ist überall Dreck. In Deutschland ist es schön sauber!«

Saintes Maries de la Mer:
Die Mythen leben

Frankreich. Eine Entdeckung steht Markus noch bevor: die Wallfahrt der spanischen und französischen Zigeuner zu den heiligen Marien und der kleinen Sara, der Schutzpatronin der Zigeuner, in Saintes Maries de la Mer im Süden Frankreichs. Markus ist wahnsinnig gespannt und erzählt mir immer wieder die Geschichte der kleinen Sara, die den Zigeunern, nicht aber der katholischen Kirche heilig ist. »Und weißt du warum?«, fragt er mich. »Weil die heilige Sara nämlich die uneheliche Tochter von Jesus ist!«

Da haben wir's wieder. Die Zigeuner sind eigentlich direkte Nachkommen Jesu. Das hätte uns noch gefehlt. Aber wahrscheinlich ist auch diese Idee wieder so eine mystische Botschaft der Halleluja-Christen, wie die Sinti jene evangelischen Missionare nennen, die mit Zelten von Zigeunerplatz zu Zigeunerplatz ziehen und die Sinti und Roma bekehren wollen. So wie auch die Zeugen Jehovas die oft wenig gebildeten, aber sehnsüchtigen und abergläubischen Frauen der Zigeuner als neue Zielgruppe entdeckt haben. Dabei ist ja die katholische Kirche schon lange im Geschäft, vor allem, was Wallfahrten angeht – wie eben im Süden Frankreichs die Wallfahrt zu den heiligen Marien und der kleinen Sara.

Durch ein Versehen beim Autoverleih haben wir einen riesigen, brandneuen Citroën bekommen, mit allem, was das moderne Autofahrerherz begehrt. Das Navigationsgerät zeigt uns die Straßen an, die wir vom Flugplatz von Marseille aus in Richtung Saintes Maries de la Mer nehmen müssen, und obwohl wir der modernen Technik zunächst blind vertrauen, oder vielleicht gerade deswegen, enden wir immer wieder im selben Dorf. Schließlich hilft uns eine simple Landkarte aus der Patsche, und irgendwann führt uns eine Ausfahrt von der Autobahn auf der Höhe von Arles in die richtige Richtung.

Arles ist die Stadt der Städte auf dieser Reise, wie Markus sagt, die Stadt, in der er wohnen möchte (»so nah wie möglich bei Saintes Maries de la Mer«), die Stadt des Amphitheaters und der Kathedrale mit dem im Vergleich zu St. Gilles doch minderwertigen Portal. Arles, die wunderbare Stadt voller Licht und scharf geschnittener Schatten und Winkel und Alleen. Van Gogh soll hier vierhundert Bilder gemalt haben. Und keines konnte er hier verkaufen.

Satte Weiden und überschwemmte Wiesen rechts und links, Weingüter allenthalben in der Ferne, dann die befestigte Stadt Aigues-Mortes, die König Ludwig IX. im 13. Jahrhundert verbarrikadierte, als die Stadt noch am Meer lag. Heute ist das Meer (»Grau du roi«) acht Kilometer entfernt, und ein edler Yachthafen am Ende eines Kanals sorgt für die Verbindung zum Mittelmeer. Das Land dahinter: Deltavorland, das jederzeit wieder überschwemmt werden kann. Wir machen Picknick zwischen Weinfeldern und überfluteten Weideflächen. Das also ist die Camargue.

Schnurgerade führt die schmale Landstraße durch die grünen Wiesen und Felder, an Teichen und kleinen Seen vorbei, immer wieder begleitet von Wassergräben, Prielen, über die kleine Brücken in die Felder und zu den entfernt liegenden Höfen führen. Manchmal gehört eine Kapelle zu den Gütern, die oft Weindomänen sind. Auf den Kirchenbänken sind kleine Schilder mit den Namen der Gutsbesitzer befestigt. Hin und wieder eine Linie Pappeln wie auf einem Bild van Goghs, dann wieder Platanen links und rechts des hölzernen Portals einer Kapelle und schließlich weit ausladende Pinien vor den Einfahrten der Weinschlösser.

Dann plötzlich mitten im Grün der Büsche und winzigen Bäume eine Gruppe weißer Pferde oder eine Herde von Bullen, die von weitem friedlich aussehen.

Je näher wir der kleinen Stadt Saintes Maries de la Mer kommen, die unmittelbar am Mittelmeer liegen soll, umso aufgeregter wird Markus. Immer wieder sieht er Caravans am Rand der Straße, immer wieder erkennt er Zigeuner, auch wenn sie Nummernschilder von Paris oder Barcelona an den schweren Wagen haben – genau so schwere Wagen wie unserer, muss ich einräumen. Wenn auch unserer aus Marseille stammt.

Dann können wir die Bucht erkennen, die ringsum von Zigeunerwagen umstellt ist, und den Hafen, dessen Parkplätze ebenfalls überfüllt sind. An der Stierkampfarena neben dem Hafen müssen wir einer Umleitung der Polizei folgen: Gerade werden Stiere in die Arena getrieben, am Vorabend der Wallfahrt findet eine Corrida statt, wie treffend.

Eine Stadt wimmelt von Zigeunern aller Völker und Zungen, ein Dorf besteht aus einer fast gefährlich riechenden Mischung von schwarzen öligen Haaren und langen Kleidern, dicken Goldketten mit pfundschweren, handtellergroßen Amuletten, aus Banden von Jugendlichen und wilden Horden von Kindern. Viele Geschäfte haben während der Wallfahrt geschlossen, sagt unsere Pensionswirtin, viele Kneipen machten gar nicht erst auf – *à cause des gitans*. Ein Dorf verbarrikadiert sich?

Von unserer Pension sind es nur wenige Schritte ins Zentrum, und eigentlich können wir schon von unserer Haustür aus Musik hören. Und dann sind wir am Platz vor der Kirche, von dem aus die kleinen Straßen wegführen, die voller Cafés und Restaurants sind. Und nicht nur auf dem Platz vor der Kirche, auch in all den kleinen Lokalen spielen sie auf: Manoush und Tziganes aus Frankreich, Gitanos aus Spanien, Roma aus Italien und vom Balkan, Zigeuner aus ganz Europa. Und natürlich sind alle Geschäfte offen, alle Cafés und Restaurants bersten fast vor Menschen, in den schmalen Straßen schieben sich alle Haarfarben in alle Richtungen.

Kein lautes Wort, viele freundliche Gesten – selbst die Zi-

geuner aus aller Herren Länder treten wohlerzogen und beinahe rücksichtsvoll auf. Nirgendwo sind Spannungen oder gar
Angst zu spüren, weder bei den Gadsche noch bei den Zigeunern.

Denn dies ist keine Zigeuner-Wallfahrt, wie wir sie in
Deutschland und Frankreich und Spanien kennen. Die Wallfahrt zu den heiligen Marien und der kleinen Sara ist eine ganz
normale katholische Heiligen-Wallfahrt, zu der allerdings
schon seit vielen hundert Jahren Zigeuner in großer Zahl kommen, und die deswegen auch besonders bekannt geworden ist.
Ich schätze, dass ebenso viele Zigeuner in Saintes Maries de la
Mer sind wie Gadsche.

Und dies ist die Geschichte, die hinter der Wallfahrt steht,
wie sie in Saintes Maries de la Mer erzählt wird:

Nach dem Prozess gegen Jesus und nach seinem Tod am
Kreuz begann eine Verfolgung der Christen im ganzen Land
Palästina. Tausende, die sich inzwischen zum Katholischen
Glauben bekannten, mussten fliehen – auch zwei Mütter von
Aposteln Jesu, Maria Jakobus und Maria Salome. Ein Mäd-
chen floh mit ihnen, eine Schwarze, die Sara hieß und wo-
möglich tatsächlich eine Zigeunerin war. Sie kamen auf einer
Barke ohne Segel und ohne Ruder, wie in den Büchern geschrieben steht. Dann trieben sie auf den Sandstrand, wo heute die Stadt Saintes Maries de la Mer steht, und die kleine Sara
half den beiden Marien an Land. Dies alles soll sich im ersten
Jahrhundert nach Christus an der Mittelmeerküste des heutigen Frankreichs ereignet haben. Heute gilt Sara als die
Schutzpatronin aller Zigeuner. Und viele von ihnen erzählen,
dass Sara das uneheliche Kind von Jesus gewesen sein soll,
das die beiden Marien in Sicherheit bringen wollten.

In einer anderen Version wartete Sara bereits am Strand, als
die beiden Marien mit ihrem Boot ohne Segel und ohne Ruder
herantrieben. Sie ging dann ins seichte Wasser und half den
beiden Frauen aus Palästina an Land. Sara war eine Farbige,
und nach dieser Version stammte sie aus Afrika und war mit

Zigeunern über die Straße von Gibraltar gekommen, hatte Spanien durchreist und sich schließlich in der paradiesischen Camargue niedergelassen.

Wenn auch nur eine dieser Versionen stimmt, gib es die Zigeuner seit mehr als zweitausend Jahren in Europa. Oder waren sie eigentlich immer schon hier?

Unter einer Platane neben der Kirche spielen die Musiker der Gruppe Urs Karpatz, die aus Frankreich zur Wallfahrt gekommen ist, und die aus Zigeunermusikern aus allen Teilen Europas besteht. Ursprünglich wurde die Gruppe vor fünfzehn Jahren gegründet, um eine Bärenvorstellung zu begleiten, erzählt Dimitri Kako, der Sprecher der Gruppe.

»Zigeunermusik war zuallererst Musik, die mit der Stimme gemacht wurde, mit den Händen, mit Perkussionsinstrumenten«, erklärt uns Kako, wie ihn alle nennen, in einer Pause. »Es gab fast keine richtigen Instrumente. Das kam erst mit der Wanderung der Zigeuner in den Westen, dabei haben sie Instrumente kennen gelernt und sie sogleich in ihre Musik integriert.«

Kako erzählt auch, dass die meisten Titel, die sie spielen, ursprünglich aus Indien, aus Radschastan stammen – von wo ja auch die Zigeuner vor vielen Jahrhunderten aufgebrochen sein sollen.

»Also könnte man sagen, nicht nur die Etymologen und Linguisten, die Sprachwissenschaftler, auch die Musiker wissen einiges über die Herkunft der Zigeuner?«, frage ich.

»Wissen können wir das nicht.« Kako lacht Markus an. »Aber wir haben es in den Genen, im Blut. Von alters her. Stimmt's?«

Angesichts der vielen Musiker in den Straßen und Lokalen der Stadt hat Markus seinen Geigenkasten in der Pension gelassen. »Ich will mich nicht aufdrängen, ich bin doch nur zu Besuch hier«, wehrt er ab, als ich ihn animieren will, seine Geige mitzunehmen. Denn auch hier wieder spricht niemand Romanes mit ihm, warum sollte er also nicht versuchen, mit seiner Violine zu kommunizieren?

Die Prozession mit den kleinen Statuen der beiden Marien findet am nächsten Mittag statt und führt durch die schmalen Gassen an den offenen Cafés vorbei zum Meer, gleich hinter die Stierkampfarena. Einzelne Zigeunermusiker und Gruppen haben sich in die bunte Menge der Wallfahrer integriert und spielen zu katholischen Messgesängen und Liedern der Jugendbewegung. Wir erkennen Urs Karpatz und winken Kako zu. Auch die Melodie von »Junge, komm bald wieder« erkennen wir, aber der Text ist schon verschieden von unserem alten deutschen Schlager, den Freddy einst sang.

Ortswechsel.

Wir sind in Marienstatt, im Westerwald, anderthalb abenteuerliche Stunden Fahrt von Köln aus, wenn man als Sinto die Schilder über der Autobahn nicht wirklich lesen kann und die Landstraße suchen muss, die zur Wallfahrtskirche führt. Aber in den letzten Stunden sind alle gekommen, die zur Familie von Markus Reinhardt gehören. Sie haben ihre festlichen Wohnwagen auf dem großen Platz vor der Kirche im Kreis aufgebaut, und die Frauen haben erst mal Essen gemacht, während die Männer zu einem ersten Bier in die Klosterkneipe gegangen sind.

Jetzt ist es Nacht, und wir stehen um ein großes Feuer herum, das in der Mitte des Platzes angezündet wurde, gleich neben der kleinen Zeltkapelle, in der die Marienfigur aufgebaut ist, die uns die Mönche geliehen haben. Blumen stehen davor und Kerzen, die in der leichten Abendbrise flackern. Erst spät gehen wir ins Bett, auch die Kinder toben bis Mitternacht zwischen den Wohnwagen herum. Eine Wallfahrt ist etwas ganz Besonderes, wenn man gar nicht mehr auf Reise geht. Sie ist sozusagen der Ersatz für den Alltag der Vergangenheit.

Am nächsten Morgen beginnt das Leben auf dem Platz nur langsam. Nachdem wir aufgestanden sind, werden Markus und ich gleich von mehreren Frauen zum Frühstück eingeladen, und da gibt es Schnitzel und Koteletts und halbe Hähnchen und Schinken, ganz so, wie es die feierliche Wallfahrt erwarten lässt. Am Nachmittag dann beginnt die Prozession entlang des Kreuzwegs in die Klosterkirche, wo dann eine Marien-Andacht stattfindet. Natürlich mit Musik von Markus Reinhardt und seinem Ensemble.

Vorneweg ziehen die Kinder und die jungen Frauen, gefolgt von vier Männern in schwarzen Anzügen, die das Gestell mit der Jungfrau Maria tragen, dahinter die Geistlichkeit und zwei Messdiener, die viel Spaß mit dem Rauchfass haben. Hinter dem Zisterzienserpater in seinem Festgewand kommt die Gruppe der Musiker, die unverwandt »Ave, Ave, Ave Maria!« spielt. Ein kleiner Junge trägt die Spitze des Basses, die Gitarristen haben ihre Instrumente umgehängt und Markus geht mit der Geige vorweg. Dann folgen die Erwachsenen, Frauen in langen, zumeist schwarzen Kleidern, Männer in Anzug, Kragen und Schlips.

Erst als alle in der Kirche angekommen sind und Platz genommen haben, und der Priester mit dem Rauchfass den Gang um den Altar gemacht hat und sich schließlich vor der Gemeinde verbeugt, da erst hören Markus und seine Leute auf zu spielen: »Ave, Ave, Ave Maria!«

Nach der Andacht habe ich Gelegenheit, mit Pater Martin zu sprechen, der im Kloster für die Wallfahrten verantwortlich ist. Wie erklärt er sich, dass die Sinti aus Köln jedes Jahr die Reise nach Marienstatt machen?

»Dass sie hierher kommen, hat sicher etwas mit ihrem Nomadendasein zu tun«, sagt Pater Martin. »Sie sind in ihrem Leben immer unterwegs gewesen, und sie wollen jetzt auch den Glauben unterwegs erleben.« Und warum gerade eine Wallfahrt zu Ehren von Maria? »Das Verehren der Gottesmutter hat sicher bei den Sinti einen anderen Stellenwert als bei den Gadsche, den Gläubigen, die nicht Zigeuner sind. Ich denke mal, einen viel höheren, vielleicht kann man sagen: einen absoluten. Da ist einmal die sehr enge Beziehung zur eigenen leiblichen Mutter, die da eine Rolle spielt.« Wie ist es mit alten, vorchristlichen, also heidnischen Elementen? »Also der Gedanke des Erdverbundenseins, und die Erde als dies weibliche Element, die Mutter Erde, das ist sicher auch darin zu finden. Das Christentum hat sich ja auch so verbreitet und sich den bestehenden Kulturen angepasst.« – »Oder aufgesetzt.« – »Oder aufgesetzt und in einer gewissen Weise überhöht, vor allem da, wo Muttergottheiten verehrt wurden. Ob es nun in Ephesus war, der Artemis-Kult, oder in anderen Teilen der Welt. Da konnte die Marienverehrung sehr schnell Einzug finden.«

Es ist wieder Nacht, aber nun sind die heiligen Handlungen vorbei, die Gottesmutter steht wieder unter ihrem kleinen Zelt in der Mitte des Platzes, das Feuer lodert, und unter ein paar Zeltdächern haben sie Tische und Stühle aufgebaut und eine kleine Tanzfläche abgesteckt.

Musik! Zuerst spielen die Alten auf, dann Markus und seine Jungen. Kinder toben überall zwischen den Tischen und Stühlen herum, nur manchmal ermahnt von den Alten, und junge Mädchen drehen sich in ihren langen Kleidern auf der Tanzfläche, versunken in die Musik der vergangenen Jahrhunderte. Oder in einen Swing-Titel aus der Zeit Django Reinhardts, der eigentlich Jean-Baptiste Reinhardt hieß und in Deutschland als Sinto geboren wurde. Der erste Jazz-Musiker Europas. Ein Zigeuner.

»Mit was fang mer denn an?«, fragt mich Tutti Reinhardt, Markus' Vater, als ich ihm das Mikrofon hinhalte und nach Django frage. »Ich fang an, dass ich sage: Tutti Reinhardt ist ein Verwandter von Django. Erinnerst du dich an den Todestag?« – »Ja, das war 1953, da ham wir das gehört durchn Radio zufällig, und wir wollten ja auch auf das Beerdigung fahren, denn wussten wir das nicht, wann dat war und wo, und wir wollten gern alle hin. Da mussten zahlreiche Zigtausende Menschen da sein und Musiker.«

Soviel Tutti weiß und sich erinnert, ist Django Reinhardt an einem Gehirnschlag gestorben. Aber er war ja auch auf eine ganz besondere Weise behindert, jedenfalls für einen Gitarristen war das absolut einzigartig. Tutti in seinem elsässischen Zigeunerdeutsch: »Der war behindert an der linken Hand, hat ja nen Unfall gehatt, hat ja nen Wagen gehatt, ist ja abgebrannt, und da wollt er den Wagen löschen, und mit die Hände hat er zugegriffen, dass nicht alles abbrennt, und da hatt er die linke Hand so schwer verletzt, dass die Hand verkrüppelt wurde.« Django spielte tatsächlich mit drei Fingern Gitarre.

»Also, der Django stammt ja auch aus Deutschland. Dann ist er nach Belgien gegangen und von Belgien nach Frankreich, und da ist er dann geblieben. Da hat er denn auch geheiratet, der hat ja auch nen Sohn, da haben sie dann diesen Hot Club de France gegründet.« – »Der war ein deutscher Zigeuner.« – »Er war ja ein Großonkel von uns gewesen. Selbe Familie, natürlich! Und es ist ja nicht gesagt, dass jeder, der Reinhardt heißt, mit dem verwandt war. Aber er war ne Großonkel von uns. Und der Schnuckenack Reinhardt, der auch Gitarre spielt und ziemlich bekannt ist, der ist wieder ein Cousin von mir. Und den Django, wenn da hundert Gitarristen im Radio sind, da hört man direkt, dass er das ist!«

Wenn Tutti mit Django Reinhardt verwandt ist, gilt das natürlich auch für Markus, dem der Swing sozusagen in die Wiege gelegt wurde.

»Django Reinhardt und seine Musik – das war ein Stück unseres Familienlebens. Ich bin damit aufgewachsen. Ich bin damit zu Bett gegangen. Und wenn ich abends im Bett war, dann haben unsere Eltern die Platten spielen lassen.« Markus' Augen leuchten. »Also, so lange ich mich erinnern kann: die Zigeuner haben immer diese Swing-Musik gemacht und gehört. Wir haben ja auch damit angefangen, mein Ensemble und ich, mit Django Reinhardt. Damals wollten wir genauso klingen, genauso spielen, haben Platten gehört, so phantastisch! Also, nur den Klang zu erreichen! Ton für Ton haben wir alles abgehört! Die ganzen Soli, die konnte ich singen! Und dann hab ich versucht, die auch so klingen zu lassen.«

Eine leise Enttäuschung schwingt in seiner Stimme mit.

»Aber das hat ja genau mit diesem Klang zu tun … also, ich wollt ja diese Lebensweise rüberbringen! So wie die Leute zusammen gelebt haben. Und dieses Feeling, dieses Gefühl. Diese Zusammengehörigkeit.«

Zurück in der Camargue, in Saintes Maries de la Mer.

Die kleine Sara wird am nächsten Tag, begleitet von Tausenden Pilgern aus aller Welt, durch die Straßen getragen und dann ans sandige Ufer des Mittelmeers. Umringt von Pferdehütern auf schweren, prächtig geschmückten Pferden gehen die Träger der mit Umhängen bekleideten schwarzen Figur, die ansonsten in der Krypta der Kirche aufbewahrt wird, mit ihrer kleinen Sara ins Meer, bis ihre Zehen das Wasser berühren. »Ave, ave, ave Maria« singen die Gläubigen dazu, genau wie die deutschen Zigeuner, wenn sie auf Wallfahrt gehen. Dann kommt der Lautsprecherwagen des Pfarrers, der alles unter sich begräbt.

»Sie kamen aus dem Land, in dem Jesus gelebt hatte, sie kamen aus Palästina, um das Christentum hier auf den Weiden der Camargue zu verkünden.« Die Stimme des Pfarrers dröhnt aus den Lautsprechern, die auf das Dach seines Autos montiert sind. »Sie wurden begleitet von Sara, die die Zigeuner zu ihrer Schutzpatronin erwählt haben. Dies ist also auch ein Dankeschön für diesen Glauben, der uns angekündigt wurde damals von den Marien vor fast zweitausend Jahren, begleitet von Sara.« Die Stimme scheppert, als käme sie unmittelbar aus dem wackelnden Gestell.

Rundum säumen die Touristen die schmalen Straßen und fotografieren, einige mit winzigen Mobiltelefonen, andere sind behängt mit schweren Kamera-Ausrüstungen. Fernsehteams haben den Eingang zur Kirche besetzt, wohin jetzt die Prozession zurückkehrt.

»Diejenigen unter euch, die gläubig sind, lade ich ein, nicht nur die Statue der Sara und ihre Zigeuner zu filmen und zu fotografieren, ich lade euch auch ein, an diesem Glauben teilzu-

141

nehmen, der seit zweitausend Jahren gelebt wird, und der hier
auf den Weiden der Camargue begann und sich ausbreitete
über das Rhône-Delta bis nach Lyon.« Die Stimme des Pfarrers scheppert und hallt nun schon in der Kirchentür. »Wir
danken dir, oh Herr, für diese erste Christin, die den Glauben
an dich bezeugte, die dann von den Römern verfolgt und dich
dennoch, Jesus Christus, immer geliebt hat, damals schon, vor
zweitausend Jahren, hier auf den Weiden der Camargue ...«

Jedenfalls lässt der Pfarrer keine der Versionen aus, die über
die kleine Sara existieren, und Markus hängt an meinen Lip-
pen, als ich ihm die Sätze des Pfarrers übersetze.

Roggendorf:
Zu Hause

Immer noch unterwegs. Irgendwo auf der Heimreise haben wir die Nacht am Ufer des Rheins verbracht, und schon am frühen Morgen steht Markus im leeren Salon der Pension und übt wieder einmal auf seiner Geige. Es ist ein Morgen wie gemalt, die ersten Sonnenstrahlen glitzern durch die Berge jenseits des Flusses, eigentlich dürfte die Reise, zu der wir vor Monaten aufgebrochen sind, nicht aufhören. Nicht jetzt, wo wir das eine und das andere verstanden haben. Jedenfalls halbwegs.

Obwohl wir uns jetzt fast dreißig Jahre lang kennen, haben wir hin und wieder Krach miteinander. Auf Reisen hat man mehr Zeit, sich miteinander und mit den Dingen, die man erlebt, zu beschäftigen und mehr Gelegenheit, darüber zu sprechen und darum zu streiten. Und das hat auch, wenn ich es richtig sehe, mit unseren Vorurteilen zu tun – meinen und seinen. Dabei gibt es natürlich auch positive Vorurteile, wie zum Beispiel die sagenhafte Gastfreundschaft, die ich in den vielen Ländern bei so vielen Zigeunern kennen gelernt habe, die wir gemeinsam besucht haben.

Und auch über die Sitten mache ich mir nicht wirklich Sorgen, wenn auch Markus hin und wieder Zweifel hat, ob sich so mancher Brauch wirklich aufrechterhalten lässt in dieser Zeit. Jedenfalls weiß er jetzt, dass die Sitten nicht von der Sprache abhängen, dass die Moral auch dort hochgehalten wird, wo man die gemeinsame Sprache, das Romanes, verloren hat – gezwungenermaßen. Genauso wie bei Markus zu Hause, wo die Sitten sehr streng sind. Und sich genau daraus die Identität ergibt, gemeinsam zur selben Familie, zum selben Stamm, zum Volk der Zigeuner zu gehören.

Einmal, als Bero, der große Bruder von Markus heiratete, hat mir seine Mutter anschließend erzählt, wie das vor sich gegangen ist.

»Ich hab mir Sorgen gemacht, ich wusste ja nicht, wo der ist.« Schnacka Reinhardt regt sich jedes Mal auf, wenn sie die Geschichte erzählt. Und sie spricht dann so unbesorgt Deutsch wie ihr Mann Tutti. »Das war am Freitag. Da ist der weggeblieben bis Samstag. Und ich hab mir keine Sorgen gemacht, der blieb ja öfter schon mal weg bei der Marzela da, hinten bei der Wilema. Da hab ich gemeint, ach, der ist auch wieder mal da. Weil der Auto nicht hier stand. Und sagte ich für der Tutti morgens, ja, wo ist denn der Bero, der ist bestimmt bei der Hansili. Sagt der Tutti, wahrscheinlich haben sie gesoffen, und da blieb der da. Sage ich, naja, hab ich mich auch nicht weiter bemüht, der ist ja öfters da. Und da, nach ner Stunde oder so kam die Oma Wiegand hier rein und hat zu mir gesagt, ich gratuliere zu deiner Schwiegertochter. Und da hab ich gar keinen Wert darauf gelegt, weil die macht immer so'n Blödsinn. Hab ich gesagt, ach geh, Oma. Hab ich gar keinen Wert drauf gelegt, hab ich weiter gearbeitet. Und da sagt die zu mir, ja, weißt du, wo der Bero ist? Der ist bestimmt bei der Hansili, sage ich, da haben sie getrunken und dann ist er dageblieben. Sagt die, warst du denn schon in seinem Wagen? Habe ich gesagt, nee. Na dann guck mal! Da bin ich rausgegangen, der Wagen war leer.«

Schnacka steht vor mir in der Küche, die Hände in die Seiten gestemmt, als erlebte sie den Tag noch einmal, als ihr Sohn genau das tat, was sie befürchtet hatte. Ich trinke friedlich an meinem Kaffee, den ich immer bekomme, wenn ich bei der Familie bin.

»Da sagt die Oma, du glaubst mir nicht? Dass der verheiratet ist? Sag ich, nee, Oma, ich glaub dir auch nicht, mit wem denn? Da sagt die Oma, ja, kannst du dir denn kein Bild machen, wer? Nee, sag ich, weiß ich überhaupt nicht. Und da sagt die Oma, ja, dann sag ich dir das, das ist die Kola.«

Schnacka muss sich setzen. »Das glaub ich nicht! Die Kola gleich gar nicht! Sag ich, ich hab überhaupt nichts gemerkt davon. Da sagt sie, das brauchst du ja auch nicht, sagt die Oma. Ja, so ein bisschen hört man doch hintenrum immer von einem oder zwei, ne. Sagt die Oma, du glaubst mir nicht. Geh doch bei die Boya, das ist die Mutter von die Kola. Ich hab die Monika rübergeschickt, war zu aufgeregt, bin nicht selbst rübergegangen. Ist die Monika gegangen. Sagt die, nee, die Kola ist auch nicht da.« Schnacka atmet schwer.

»Da wurde ich natürlich ganz aufgeregt, wo der ist, ne. Ich hab mich auch wieder Sorgen gemacht, ne, Geld hat er keins, treibt sich in der Stadt rum, wird vielleicht überfallen, von den anderen Leuten oder so. Und da war ich halt auf achtzig. An dem Abend sind die Jungen hier dann alle tanzen gegangen, da sag ich für die Monika: Solltet ihr der Bero sehen, sagt sofort, der soll nach Hause kommen! Ich halt das nicht mehr lange aus, ne!«

Spät am Abend kam dann Monika, die Schwester von Bero und Markus, und sagte Bescheid: Bero und Kola hatten in einem Hotel übernachtet.

»Ja, und dann Sonntagmorgens, da kamen sie dann. Habe ich halt ein bisschen geschimpft, aber viel konnte ich nimmer schimpfen, waren die schon zusammen. Und wenn sie halt mal zusammen bei uns geschlafen haben, sind sie Mann und Frau.«

Und dieselbe abenteuerliche Geschichte haben die Großeltern, also die Eltern von Schnacka und Tutti, auch schon erlebt, wie Markus' Mutter dann weiter berichtet. Inzwischen hat sie sich wieder beruhigt.

»Bei uns war das ganz genau dasselbe! Wir haben uns kennen gelernt, der Tutti und ich, nach der Krieg, ne. Dann waren wir halt öfters zusammen. Und mein Vater kaufte mir damals einen kleinen Bus, damals standen wir noch nicht so gut wie heute. Und da lebte ich in dem kleinen Bus, alleine. Da kam der Tutti ab und zu bei mir, ne, abends, wie das so üblich ist.

Und da hat er gesagt, weißt du was, jetzt tun wir uns zusammen, und dann ist das auch besser. Und da kriegte ich auch schon die Monika, die kam auch schon dann, und da waren wir verheiratet.«

Um die Sitten mache ich mir keine Sorgen, auch wenn die spanischen Zigeuner glauben, dass sie ihnen verloren gehen könnten. Und auch wenn Markus der Meinung ist, dass, wenn die Sprache verschwindet, auch die Sitten verloren gehen. In Wirklichkeit sind die Sitten, ist diese Moral, Teil der Identität der Sinti und Roma, und die Sprache, wo sie denn erhalten ist, gibt ihnen einen zusätzlichen Schutz.

Vor mir sitzen Distlo, Specko und Regina, die natürlich in der Schule andere Namen tragen. Wie mein Patensohn Geigi, den ich Micha getauft habe, aber der dann in den ersten Lebensmonaten eine auffallende Zuneigung zur Violine zeigte. Die hat er übrigens heute völlig verloren. Und dennoch trägt er seinen Namen Geigi in der Familie weiter.

Distlo sagt: »Ich heiße Distlo und bin elf Jahre alt.« Und Specko sagt: »Ich heiße Specko und bin elf Jahre alt.« Regina ist die Älteste: »Ich heiße Regina und bin dreizehn Jahre alt.«

Distlo heißt in der Schule und im Personalausweis Josua, für Specko steht Mark im Pass, und Regina heißt in Wirklichkeit, in der deutschen Wirklichkeit, Nina. »Hart ausgedrückt«, sagt Distlo, »hart ausgedrückt, also: Distlo heiße ich nur bei den Zigeunern.« Ist es hart, ein Zigeuner zu sein? »Ich wohne in einer ganz normalen Wohnung.« Distlo bringt es auf einen einfachen Nenner.

»Könntest du mir sagen, was der Unterschied ist, wenn du und deine Familie mit dem Wohnwagen rumreisen und wenn ich mit meiner Familie mit dem Wohnwagen rumreisen würde?«, frage ich Specko. Und der antwortet: »Wir dürfen im Wagen keine Toilette haben. Also weil es dann … pale dschides … ist.« Das ist das Romanes-Wort für unrein.

Dann mischt sich Regina ein: »Wir dürfen nicht mit Ärzten an einem Tisch essen, dürfen keine Ärzte werden, und so alles mit Krankenhaus und Pfleger, so was darf man auch nicht werden. Die Jungen dürfen keine Polizisten werden. Und wir Mädchen dürfen eigentlich keine Hosen tragen.« Das sagt sie und sitzt gleichzeitig in engen Jeans vor mir.

Weiß eigentlich eines der Kölner Kinder, warum das so ist? Regina antwortet für alle drei: »Ich weiß nicht, das ist einfach nicht unsere Art, und das gehört sich einfach nicht.« Bei den Sinti sagt man dann gern: So sind nun mal die Sitten.

»Ich weiß ja von meinem Freund Markus, dass es etwas gibt, das nennt man Mulo.«

Distlo zieht die Schultern zusammen: »Mulo ist ein Toter, wenn man schon tot ist und zum Beispiel wieder aufersteht. Dann sagt man: Ha, da ist ein Mulo, ha.« Und da der Mulo auch in den Tiefen des Meeres wohnt, haben mich viele meiner Freunde bei den Roma und Sinti nie auf meiner Insel in Dänemark besucht.

Es hat also schon mit Vorurteilen zu tun, wenn wir voreinander Angst haben und einander falsch einschätzen. Oder einfach nicht genug voneinander wissen. Deshalb hier die zehn wichtigsten Vorurteile in der Reihenfolge ihrer Bedeutung, die schwerstwiegenden zuerst, und gleich dazu, was ich auf meinen Reisen mit Markus Reinhardt und den übrigen Sinti, Roma, Manoush, Tziganes, Gitanos und sonst wem gelernt habe.

Erstes Vorurteil: Zigeuner stehlen und betrügen.

Korrekt. Alle Menschen, die phantasievoll genug sind, sich vorstellen zu können, dass die eigene Armut das Resultat des Reichtums anderer ist, tun das gleiche. Und nur wenige Diebe stehlen, allein um sich zu bereichern.

Zweites Vorurteil: Zigeuner sind schmutzig.

Falsch. Die meisten Zigeuner weigern sich, mit Gadsche an einem Tisch zu essen, weil sie Gadsche für unsauber halten. Die Hygienegesetze der Nomaden sind weitaus strenger als die der Sesshaften. Notwendigerweise.

Drittes Vorurteil: Zigeuner verkaufen ihre Kinder.

Falsch. Früher lautete eine Abwandlung dieses Vorurteils: Zigeuner klauen kleine Kinder. Dabei haben Zigeuner im Zweifel viel mehr Kinder als Gadsche und brauchen keine überflüssigen fremden Bälger.

Viertes Vorurteil: Zigeuner kennen keine Moral.

Falsch. Zigeuner sind zumeist schamhaft, und die meisten sind sogar prüde. Die Frauen tragen die Röcke bis zum Boden, die Männer möglichst weite Hosen. Ihre Ehemoral ist für die meisten Gadsche abschreckend: Wer eine Nacht mit einer Zigeunerin weggeblieben ist, ist verheiratet.

Fünftes Vorurteil: Zigeuner brauchten dem Kaiser keinen Zins zu geben.

Korrekt. Und zwar zu den Zeiten, als das Zigeunerleben noch »lustig« war, im Ungarn der k. u. k. Monarchie. Und zu Zeiten des Osmanischen Reichs, als der Sultan die Zigeuner von der Steuer weitestgehend befreite. Dass Zigeuner heute keine Kfz-Steuer bezahlen brauchten, weder Einkommen noch Mehrwert zu besteuern hätten, ist eine Fehlinformation und beruht offenbar auf tiefsitzenden eigenen Wunschvorstellungen der Gadsche.

Sechstes Vorurteil: Zigeuner fahren nur dicke Autos mit Stern.

Richtig und falsch. Denn gern würden sie schon, weil, wenn man den ganzen Hausstand mit sich im Campinganhänger führt, dann ist ein dickes Auto zu empfehlen. Aber viele Zigeuner können sich weder den Trailer noch das dicke Auto noch das Reisen leisten.

Siebtes Vorurteil: Zigeuner kehren beim Betteln ihre Armut hervor, sind aber behängt mit Gold und Silber.

Korrekt. Bei Zigeunern scheint es sozial wünschenswerter, reich zu erscheinen, als so zu tun, als nage man am Hungertuch. Man möchte es auch den Gadsche empfehlen, die immer so tun, als hätten sie nicht, was sie haben.

Achtes Vorurteil: Zigeuner sind gewalttätig.

Korrekt. Aber nicht mehr und nicht weniger als andere Menschen auch. Und besonders dann, wenn sie in Gefahr oder in eine Falle geraten.

Neuntes Vorurteil: Zigeuner sind unzuverlässig.

Korrekt. Ich leide darunter. Die meisten Zigeuner, die ich kenne, nicht. Für menschliche Zuverlässigkeit haben die Zigeuner offenbar andere Ausdrucksformen als die Gadsche. Sie sind sich ihrer sicher, wo wir voneinander Versicherungen fordern.

Zehntes Vorurteil: Die Zigeuner sind heimatlos.

Ja. So ist es. Und früher nannten wir diese Heimatlosigkeit Freiheit. Die Freiheit, nichts mehr zu haben, das man verlieren könnte. Nicht einmal ein Land, wo man hingehört.

Wie die Chinesische Mauer entstanden ist, weiß ich jetzt, nachdem ich unterwegs war mit Markus und all den anderen Zigeunern. Und ich weiß, dass die Mauer den chinesischen Kaisern nichts genützt hat. Wohin man in der Welt kommt, die Zigeuner sind schon da. Auf der 18 de Julio, der Prachtstraße Montevideos, habe ich sie betteln gesehen. In Rabat boten sie mir silberne Armreifen an. Im Zentrum Mexikos, wo das Erdbeben gewütet hat, hatten sie eine Hütte aus Tüchern und Pappkartons errichtet. In Foum Tataouine, am Rande der Sahara, trugen die Frauen dieselben langen Röcke wie auf der Rákóczi utca in Budapest oder unter den Rheinbrücken von Düsseldorf.

Markus Reinhardt, der Sinto aus Köln und überragende Violinist, der Swing und moderne Klassik unter einen Hut zu bringen versteht, Folklore aus Ungarn und aleatorisch notierte Zwölftonmusik, bringt seine Welt nicht mehr zusammen. Die Illusion, dass Roma und Sinti ein Volk seien, zusammengehörten, dieselben Wurzeln und dieselbe Zukunft hätten, ist in Gefahr. Wenn er nicht Angst hat vor dieser neuen Zeit der Zigeuner, so hat er doch zumindest großen Respekt davor. Diese Zigeuner, verteilt über die gesamte Erdoberfläche und als Gäste in allen Nationen dieser Welt, sind so anders und so viel verschiedener, als er gedacht hatte. Und sie sind es nicht nur, weil man sie dazu gezwungen hätte.

Dass sie immer anders sein wollten, zumindest unterscheidbar vom Rest der Welt, Manoush, also Menschen sein wollten, im Gegensatz zu uns Gadsche, das war nicht nur Markus klar. Das wusste ich als Gadscho auch, und ich habe es am eigenen Leib gespürt.

In Saintes Maries de la Mer kam Markus mir abhanden, in einer Nacht voller Musik und Action und Menschen aus allen Teilen Europas, da war er plötzlich nur noch der Sinto aus Deutschland, der sich mit seinesgleichen zusammentat und für mich nicht mehr zur Verfügung stand. In Budapest war er plötzlich verschwunden, zusammen mit Dészö, dem Geiger aus Fábiánháza, und ich weiß bis heute nicht, ob sie in einer Kneipe oder in einem Freudenhaus oder bei Dészös Verwandten die Nacht verbracht haben. Ein anderes Mal saß ich allein im Thalys, dem vornehmen Schnellzug nach Paris, weil Markus einfach nicht erschienen war, und ich verbrachte ein langes Wochenende in der Stadt an der Seine ohne ihn.

Für die Gadsche hat man dann immer gute Gründe, die vorzubringen förmlich zum guten Ton gehören: ein Onkel ist schwer erkrankt, eine Cousine brauchte dringend das Auto, ein entfernter Verwandter liegt im Sterben. Alle in der weitläufigen Verwandtschaft waren immer und sind jedes Mal wichtiger als ich. Denn wer bin ich schon? Doch nur ein Gadscho. Und dennoch: Sie essen an meinem Tisch und schlafen unter meinem Dach. Das ist selten genug, und eigentlich, so meint Markus nämlich, müsste ich stolz sein, das Vertrauen der Sinti zu genießen. Bin ich auch.

Aber als Gadscho bin ich in den Augen der Zigeuner immer ein Mensch zweiter Klasse.

In ihrer Geschichte ist es den Zigeunern nicht anders ergangen, und es ergeht ihnen heute genauso wie vor fünfhundert Jahren: Sie sind anders, ihre Hautfarbe ist verschieden von unserer, ihre Kleidung und ihr Auftreten machen sie zu Fremden, und sie stören uns, die wir in festen Häusern wohnen und eine Heimstatt haben, sogar eine Heimat, ein eigenes Land.

Aber trotz aller Mauern, trotz aller Bedrohung und Verfolgung und trotz aller Versuche, sie auszurotten, haben diese Roma und Sinti, diese Manoush und Kalderasch und Tziganes und Çingene überlebt.

»Eines Tages«, so Nan Joyce, die alte Zigeunerin in Irland, die uns die Geschichte von der Chinesischen Mauer erzählt hat, »eines Tages werden sie für uns Zigeuner Reservate bauen, für die Letzten von uns, und sie werden den Kindern von den vergangenen Zeiten erzählen, als Menschen noch mit Pferdewagen unterwegs waren, von Stadt zu Stadt, von Land zu Land. Und die Kinder werden fragen: Was ist das, eine Stadt? Was ist das, ein Land? Und schließlich – die Heilige Jungfrau Maria möge uns davor behüten! – schließlich werden sie fragen, was das heißt: unterwegs zu sein und ein Zigeuner zu sein.«

Epilog:
Es gibt kein Wort für »Danke«

Wieder im Zug nach Brüssel. Diesmal haben wir uns den Thalys zum Sonderangebot gegönnt, schon, damit ich mich nicht wieder mit dem Auto verfahre. Eine halbe Stunde vor dem Interview kommen wir in Bruxelles Midi an, im Süden der Stadt, wo rund um den Bahnhof sonst die riesigen bunten Märkte stattfinden, und wo man auch die Zigeuner der Stadt antreffen kann. Das Taxi lädt uns vor dem Hauptgebäude der Kommission, dem Berlaymont, ab. Der EU-Kommissar für Beschäftigung, Soziales und Chancengleichheit erwartet uns zum Interview.

Tatsächlich gibt es im Romanes kein Wort für Danke, weil, wie Markus sagen würde, alle Menschen gleich sind. Weil niemand über einem anderen, niemand unter einem anderen steht, sagt Markus. Niemand darf sich erniedrigen, niemand einen anderen beherrschen. Fromme Vorsätze, kann ich da nur sagen. Ob das für alle Zigeunervölker gilt? Und wie ist das in den anderen Zigeunersprachen?

Jetzt, zum Ende der Reise auf den Spuren der Zigeuner, kehrt allerdings Ruhe in unsere Herzen ein. Wir waren in mehr als einem Dutzend Ländern, sind viele tausend Kilometer in Bussen, Mietwagen und Flugzeugen, in Schiffen und Limousinen und auf Pferdekarren gereist, haben Hunderte von Menschen mal mehr, mal weniger gut kennen gelernt, dabei ein halbes Dutzend Sprachen gesprochen und ein weiteres halbes Dutzend recht und schlecht übersetzt bekommen, und wir wissen eigentlich nur eines mit großer Gewissheit: dass sie alle verschieden sind, diese so genannten Zigeuner – so verschieden wie die Schwarzen, wie die Weißen, wie die Gelben eben untereinander verschieden sind.

152

Jetzt lässt die Verspannung nach, auch die Verspanntheit in den Schultern, die man von der Angst bekommt, irgendetwas falsch zu machen. Jetzt wird der Kopf frei und die Seele. Die Ungewissheit ist Vergangenheit. Wer sind wir? Zigeuner? Gadsche? Menschen? Ist das wichtig?

Da war immer wieder Hass auf allen Seiten, da war Furcht, da waren Stereotype und Vorurteile. Aber eigentlich war da immer nur die Angst vor dem bedrohlich Fremden, dem Anderen – auf allen Seiten. Aber Ausgrenzung, Isolation, Abschottung, Separation wird uns nichts nützen – nirgendwo, in keinem System der Welt. Wir sind entweder alle Menschen – oder wir sind nichts.

Markus muss neu definieren, wohin er gehört. Dass es einigermaßen überflüssig ist, sich um Begriffe wie Sinti und Roma und Gitanos und Manoush zu streiten und sich dann auch noch voneinander abgrenzen zu wollen, ist ihm schon klar geworden, als er in Bulgarien vom Hass der Burgudji auf die Kalderasch hörte oder in der Türkei mitbekam, wie die Roma verächtlich auf die Çingene hinuntersehen. Und irgendwann wird ihm die Frage begegnen, was aus seinen Zigeunern wird in Zeiten von Globalisierung und weltweitem Handel über alle Grenzen hinweg.

Jetzt also Brüssel, die Hauptstadt der Europäischen Union. Jemand holt uns am Eingang vom Berlaymont ab, reicht uns im sechsten Stock weiter, wir gehen über lange Flure, und irgendjemand fragt in Englisch und Französisch, ob wir Kaffee oder Tee wünschen. Ohne Warten werden wir ins Büro des Kommissars geschoben: der deutsche Sinto und Jazzgeiger Markus Reinhardt und der Reporter Heinz G. Schmidt. Der Kommissar hatte sich einverstanden erklärt, dass Markus das Interview führt. Auf Deutsch.

Wladimir Špidla, der EU-Kommissar für den wichtigsten Arbeitsbereich, zuständig übrigens für das Thema Globalisierung ebenso wie für das Thema Menschenrechte, ist Tscheche und rühmt sich, in der Arbeitsverwaltung gearbeitet zu haben.

»Ich war Chef eines Arbeitsamtes. Ich hatte also unmittelbare Erfahrungen mit den verschiedenen sozialen Schichten meiner Stadt. Und natürlich auch mit den tschechischen Roma. Das war für mich ganz interessant. Denn auch die tschechischen Roma sind nicht ganz kohärent, sind voneinander verschieden. Und die Sozialprobleme, welche ich manchmal lösen musste, hatten sehr oft eher mit den Problemen einer Familie zu tun als mit der Tatsache, dass es sich um Zigeunerfamilien handelte.«

Hier in Brüssel in der Zentrale der Europäischen Kommission hat Wladimir Špidla nichts mehr mit Zigeunerfamilien zu tun. Im Gegenteil. »Darum müssen sich die Mitgliedsländer kümmern. Als EU-Kommissar kontrolliere ich nur, ob sie alle unsere Vorschläge und Verordnungen durchgeführt haben.«

Markus Reinhardt verschlägt es die Sprache. Da hat sich der hohe Kommissar zu einem Interview mit einem Zigeuner bereit erklärt, ist aber gar nicht zuständig. Das ist in der Verwaltung der Europäischen Union offenbar möglich und macht die Sache ja dann auch einfach.

In den Vereinigten Staaten von Amerika hat der Kongress 1972 ein Gesetz erlassen, wonach die Roma, die vor allem aus dem Stamm der Vlach kommen, offiziell zu einer »farbigen Minderheit« erklärt wurden. Das ging offenbar ebenso einfach über die Bühne. Die Vlach-Zigeuner gehören zu jenen Roma-Gruppen, die im Jahr 1241 als Tatarensklaven nach Rumänien in die Walachei kamen und erst 1864 in die Freiheit entlassen wurden. Sechshunderttausend Menschen standen damals in wenigen Monaten plötzlich und unvorbereitet auf der Straße und suchten nach einem Auskommen. Viele von ihnen gingen nach Übersee, vor allem die Kalderasch, die für ihre Kunst als Kesselschmiede berühmt sind, und die Lovari, die mit Pferden handeln.

Mehr als fünfhunderttausend Zigeuner sollen heute in den Vereinigten Staaten leben. Yul Brunner stammt von einer rumänischen Romni aus dem Stamm der Vlach ab. Charlie

Chaplin soll ebenfalls Roma-Hintergrund haben. Und Bill Clinton hatte einen Vorfahren, der von den Kirk Yetholm Gypsies an der Grenze Schottlands zum König gekrönt wurde. »Wer immer das ist«, seufzt Markus. »Marianne Rosenberg kenne ich, die ist auch Zigeunerin.«

Aber im Ernst: Das ist ja vielleicht einfach. Man erklärt sie einfach zu einer Minderheit. Fertig. Markus ist am Ende. Politik ist nicht seine Sache.

»Was tun Sie dafür«, versucht er einen neuen Anlauf, »um die Kultur der Zigeuner und die Art, wie sie miteinander leben, zu beschützen und zu erhalten?« Und er fügt hinzu: »Wobei man sagen muss, dass in vielen Ländern noch nicht einmal anerkannt ist, dass sie Minderheiten sind.« Jetzt seufzt der Kommissar.

»Das ist eine schwierige Frage, und im Prinzip ist das nicht eine Frage an die Europäische Union.« Markus hatte es ja gewusst. Aber der Kommissar fährt dennoch fort: »Wir haben eine Agenda, die mit den Roma verknüpft ist, und dazu gehört beispielsweise die Anti-Diskriminierungskampagne. Diese Agenda oder Direktive spricht von der Diskriminierung, die sich durch die Zugehörigkeit zu einer Ethnie oder Rasse ergibt. Inzwischen wurde diese Direktive von den Mitgliedstaaten ratifiziert. Und wir werten jetzt aus, wie sie umgesetzt wurde, ob die Aktion also effizient war oder nicht.«

Der Kommissar, der sich unglücklicherweise bereit erklärt hat, das Interview in Deutsch zu führen, hat Schwierigkeiten, seine verschiedenen Agenden auseinander zu halten. »Die zweite Agenda betrifft die Frage der sozialen Situationen. Und auch dieses Thema betrifft die Mitgliedstaaten. Und ich bin der Meinung, das ist auch richtig so.«

Und um es auf den Punkt zu bringen, dass nicht er, sondern die Mitgliedstaaten der Union zuständig sind, fasst er das Prinzip des geeinten Europas zusammen: »Das Konzept der Europäischen Union ist die Einheit in Verschiedenheit.« Alle sind sich einig, aber eben verschieden. Ob sich dieses Motto für die Zigeuner Europas verwenden ließe? Irgendetwas in mir erinnert sich.

Markus stellt die nächste Frage nur noch verhalten: »Was tut man, um die Ungerechtigkeit, die uns widerfahren ist, sprich Verfolgungen und Ermordungen, wieder gut zu machen? Von Entschädigung kann man da ja gar nicht sprechen, angesichts der Untaten Hitlerdeutschlands, angesichts von fünfhundert Jahren Verfolgung in Spanien. Um nur zwei Beispiele zu nennen.«

»Es ist tatsächlich so, dass viele Minderheiten im Lauf der europäischen Geschichte verfolgt wurden. Aus kulturellen Gründen, aus Glaubensgründen. Für diese Geschichte kann man niemanden entschädigen, und niemand kann sich wirklich dieser Vergangenheit annehmen. Wir müssen in die Zukunft schauen, müssen uns mit der Gegenwart beschäftigen. Und da geht es um Anti-Diskriminierung und um die Erhöhung der sozialen Stabilität und Lebensqualität. Mit den historischen Dimensionen müssen sich andere beschäftigen.«

»Darf ich noch eine persönliche Frage zum Schluss stellen«, mische ich mich ein. »Wir wissen, es gibt zwei besondere Benachteiligungen von Roma oder Sinti und Çingene und wie sie auch heißen: Da ist einmal die Diskriminierung, weil diese Menschen zur ethnischen Gruppe der Zigeuner gehören. Und zum andern die Ausgrenzung, weil sie auch arm sind, weil sie anders leben, und weil sie in jeder Weise benachteiligt sind.«

»Sie haben sicher Recht, es gibt auch weiterhin sowohl Diskriminierung als auch Ausgrenzung. Das ist keine Frage.« Kommissar Špidla wird nicht etwa unruhig. Die Feststellung hat er wohl schon oft getroffen. »Und man muss sehr viel tun, keine Frage.«

Das Interview ist beendet. Es gibt viel zu tun, keine Frage.

Ist das dieselbe Kommission, die vor zwei Jahrzehnten den Zigeunern so genannte Europa-Pässe angeboten hat, um sie aus der Abhängigkeit und Willkür der Einzelstaaten zu befreien und ihre Heimatlosigkeit zu mildern? Einheit in Verschie-

denheit. Oder liegt es daran, dass durch die zwölf neuen Mit-
gliedsstaaten so viel mehr Zigeuner zu Europas Einwohnern
gehören? Markus ist maßlos enttäuscht. Von seiner Reise nach
Brüssel hat er sich mehr versprochen.

Auf der Rückfahrt im Thalys besetzen wir die Bar und dis-
kutieren lauthals über die Zukunft der Zigeuner, die angesichts des verwalteten Europa überhaupt keine Chance zu haben scheinen. »Zigeuner stören doch nur«, sagt Markus
verbittert. »Angesichts dieser Spielregeln werden sie sich
wahrscheinlich eher aus dem Staub machen und weiterziehen,
als sich mit dieser Politik auseinander zu setzen.«

Wahrscheinlich hat Markus Recht. Und es wäre typisch für
die Zigeuner, sich nicht zu wehren, sondern einfach weiterzu-
ziehen. Aber wohin?

Eine kurze Geschichte der Zigeuner

Im 3. Jahrhundert vor unserer Zeitrechnung sind auf einer Amphore die Teilnehmer der Panathenäen-Sportfeste am Bosporus verzeichnet, darunter Namen wie »Sindh« und »Sikh« – möglicherweise Vorfahren der späteren Dom und Roma.

420 – In diesem Jahr soll – nach dem persischen Dichter Firdausi – das Zigeunervolk von Lur in Indien nach Persien geschickt worden sein, ein Geschenk des indischen Königs Shankal an den persischen Schah Bahram Gor, der von 420 bis 438 herrschte.

711 – In einem dreijährigen Krieg wird das Hindus-Tal und damit die Provinz Sindh vom arabischen Kommandanten des Umayyad-Heeres, Muhammad ben al-Kasim al-Thakafi, unter der Leitung des irakischen Herrschers al-Hadjdjadj und unter dem Kalifat des al-Walid I. ben 'Abd al-Malik unterworfen und vollständig verwüstet. Die dort ansässigen Dom werden ermordet oder fliehen nach Westen.

Zwischen dem 5. und dem 7. Jahrhundert erreichen die Roma Persien und Afghanistan.

811 – Nach der Legende schmieden Zigeuner aus Philippopolis (heute Plovdiv in Bulgarien) einen silbernen Becher nach dem Schädel des besiegten Herrschers von Byzanz, Nikephoros I. Genik, aus dem dann der Sieger, Khan Krum aus Bulgarien, auf das Wohl des Besiegten trank.

855 werden die ersten Roma in Byzanz erwähnt. Man nennt sie in Konstantinopel »Aiguptissa« oder Ägypter.

Zwischen 977 und 1030 werden viele tausend Roma aus den Provinzen al-Sindh und al-Hind im Nordwesten Indiens vom Emir Mahmud von Ghazna vertrieben oder versklavt.

Im 13. Jahrhundert dringen die Horden des Dschingis-Khan nach Zentralasien vor, töten neben vielen anderen Menschen auch eine große Zahl von Zigeunern und vertreiben den Rest nach Westen.

1241 – Die ersten Zigeuner kommen als Tatarensklaven nach Rumänien und werden dort von den Woywoden Transsilvaniens, der Walachei und Moldawiens als Leibeigene genommen.

1361 – »Vlaho und Vitan, die Ägypter, verlangen in der fürstlichen Kanzlei von Dubrovnik (Serbien), dass ihnen Raden Bratoslavič, der Goldschmied, acht große silberne Riemen zurückgeben solle, die sie bei ihm deponiert hatten.«

1407 – Die ersten Zigeuner erreichen Deutschland und werden in Hildesheim als »Tataren« empfangen.

1416 – In der »Meißener Chronik« heißt es, dass Markgraf Friedrich der Streitbare die »Zigani, einen umherirrenden und schädlichen Menschenschlag, wegen ihres Stehlens, ihrer Hehlerei und ihres liederlichen Lebenswandels« aus seiner Markgrafschaft vertrieb.

1417 – Die erste Zigeunergruppe mit einem Schutzbrief von Kaiser Sigismund erreicht die norddeutschen Hansestädte Hamburg, Lübeck, Rostock – »schwarz wie Tataren«.

1418 – In der »Chronik von Straßburg« teilt Jakob Trausch mit, dass etwa vierzehntausend »Zeyginger« aus »Epir in Ägypten« in Colmar angekommen seien. Ihr Fürst heiße »Herzog Michael«, und mit ihm ziehen fünfzig Pferde. Sie haben einen Schutzbrief von Kaiser Sigismund, der übrigens zur selben Zeit auf dem Konzil von Konstanz zulässt, dass der Reformer Johannes Huss auf dem Scheiterhaufen verbrannt wird – dem er ebenfalls Schutz zugesichert hatte.

1427 – »Ein Vortrupp von zwölf Reitern erreicht Paris. Sie behaupten, aus Unterägypten zu kommen, wo sich ihr König und ihre Königin aufhalten«, heißt es im »Journal d'un bourgeois de Paris«. Später kamen dann tausendzweihundert weitere Roma hinzu.

1429 – Eine Gruppe von Zigeunern zieht in Geldern und in die

Stadt Arnheim ein. »Die stad spendedt rejchlik den greve von Klijn-Egypten met synne geselschap.«

1439 – Allmählich wendet sich das Blatt: Zigeuner sind nicht mehr willkommen. In Siegburg wird ihnen Geld gegeben, damit sie weiterziehen.

1442 – Graf Gerhard von Jülich und Berg stellt dem Zigeuner-Graf Michael aus Klein-Ägypten einen Schutzbrief aus.

1446 – In Frankfurt am Main lässt sich ein »Heincz von Mulhusen zyguner« nieder, macht einen Laden auf und erhält die Bürgerrechte der Stadt. Dennoch werden zwei Jahre später neue Zigeunergruppen am Stadttor wieder abgewiesen.

1447 – Roma werden aus Barcelona gemeldet.

1499 – Der erste Zigeuner-Pogrom findet in Spanien statt. Wer nicht sesshaft wird und seine Sprache zugunsten des Spanischen ablegt, wird vertrieben, versklavt oder gehenkt. Viele werden in die Kolonien Spaniens (Mittel- und Südamerika) oder Portugals (Angola) deportiert.

1504 – Ludwig XII. von Frankreich verfügt die Vertreibung der Zigeuner aus dem gesamten Staatsgebiet.

1512 – Eine Gruppe von Zigeunern kommt nach Stockholm. Man empfängt »de her Anthonius, en greffue met sine greffwynne und 60 tatra us klene Egiffi land.«

1530 – In der Türkei regelt ein Gesetz von Sultan Süleyman dem Prächtigen die Steuern für moslemische und christliche Roma, wonach die Christen zwanzig Prozent mehr Steuern zahlen müssen. Prostituierte Zigeunerinnen zahlen das Fünffache.

1665 – Zigeuner werden aus Schottland nach Jamaika und Barbados verbannt.

1722 – Ein Gesetz in Thüringen erklärt die Zigeuner für vogelfrei.

1728 – Erlass: »Schon seit langem hat sich herausgestellt, dass Banden von Zigeunern und anderen Vagabunden auf unserem Territorium Diebstähle begehen. Darum haben wir, um dieses Gezücht auszurotten, beschlossen, dass man uns sogleich davon verständige, wenn auf dem Gebiet von Aachen derartige Zigeuner, bewaffnete Spitzbuben oder andere Banden von Vagabunden angetroffen werden, damit die Miliz gegen sie entsandt werden kann. Sobald die Zigeuner angetroffen werden, sind sie unverzüglich und ohne sie zu befragen hinzurichten.«

1802 – Eine große Gruppe baskischer Roma wird zur Auswanderung nach Louisiana gezwungen, in das Gebiet zwischen Mississippi und Missouri, das damals französische Kolonie ist.

1864 – In Rumänien wird die Sklaverei aufgehoben. 600.000 so genannte Vlach Zigeuner, die von den Woywoden Transsilvaniens, der Walachei und Moldawiens als Leibeigene gehalten worden waren, werden in die Freiheit – und damit in die wirtschaftliche und soziale Unsicherheit entlassen.

1870 – Reichsstrafgesetzbuch, Gesetz über die Freizügigkeit: »Allen Bundesbürgern wird das Recht eingeräumt, umherziehend Gewerbe aller Art zu betreiben.«

1899 – Bayern und Berlin: Die ersten Zigeuner-Informationsdienste (»Nachrichtendienste für die Sicherheitspolizei in Bezug auf die Zigeuner«) werden eingerichtet, wo ab sofort Akten und Stammbäume von Zigeunerfamilien gelagert werden sollen.

1905 – Stuttgart, Innenministerium, als Folge der Einführung des Fürsorgewesens: »Den Zigeunern und den nach Zigeunerart umherziehenden Personen ist das Zusammensein in Horden verboten. Zusammenreisende Horden sind zu trennen.«

1912 – Innenministerium Preußen, »Runderlass zur Bekämpfung des Zigeunerunwesens«: »Personen, die obdachlos oder ohne festen Wohnsitz sind oder berufs- oder gewohnheitsmäßig umherziehen, sowie Zigeunern und Zigeunermischlingen, die in Horden reisen, können der Beobachtung unterworfen werden. Die Wahl des Aufenthalts oder der Arbeitsstätte wird eingeschränkt. Horden sind aufzulösen.«

1919 – Der Württembergische Innenminister verbietet das »Herumziehen nach Zigeunerart«.

1920 – Der Reichsminister für Volkswohlfahrt verbietet den Zigeunern den Aufenthalt in Heil- und Kurbädern.

1922 – Der Badische Innenminister verordnet, dass alle Zigeuner ein Personalblatt mit sich tragen müssen.

1924 – Die Bayerische Regierung erlässt ein Verbot des »Herumziehens von Zigeunern in Horden«.

1926 – Die Thüringische Polizei ordnet an, dass Zigeuner nur lagern dürfen, wenn sie sich auf eigene Kosten von der Polizei dabei überwachen lassen.

1927 – Der Reichstag schränkt die Bewegungsfreiheit der Zigeuner aus »seuchenpolizeilichen Gründen« ein.

1928 – Preußen ordnet an, dass alle Zigeuner über sechs Jahren erfasst werden müssen und versieht ihre Akten mit einem Z für Zigeuner.

1929 – Hessen erlässt ein »Gesetz zur Bekämpfung des Zigeunerunwesens«.

1933 – Die deutschen Länder vereinbaren, gemeinsam die »Zigeunerplage« zu bekämpfen und alle Zigeuner zentral zu erfassen.

1936 – Wien: »Die Internationale Zentralstelle zur Bekämpfung des Zigeunerunwesens hat die Aufgabe, alle die Zigeuner betreffenden Angaben zu sammeln und den anfragenden Behörden Auskunft zu erteilen.«

1936 – Berlin: Das Institut für Rassenhygiene und Volksbiologie wird eingerichtet. Die Leitung übernimmt Dr. Robert Ritter. Seine Kollegin, Eva Justin, beginnt mit »rassenbiologischen und rassenhygienischen Untersuchungen« bei Zigeunern und schreibt eine Doktorarbeit darüber.

1936 – Innenministerium Preußen, »Runderlass zur Bekämpfung der Zigeunerplage«: »Zigeuner, Zigeunermischlinge und nach Zigeunerart umherziehende Personen, die in Horden reisen oder rasten, sind zu trennen.«

1937 Karlsruhe: »Das Reisen oder Rasten von Zigeunern, Zigeunermischlingen oder nach Zigeunerart umherziehenden Personen ist untersagt.«

1938 – Berlin: »Alle sesshaften oder nicht sesshaften Zigeuner sowie alle nach Zigeunerart umherziehenden Personen sind beim Reichskriminalpolizeiamt – Reichszentrale zur Bekämpfung des Zigeunerunwesens – zu erfassen.«

Januar 1939 – Verordnung des Ministers des Inneren: »Das Reisen oder Rasten von Zigeunern, Zigeunermischlingen oder nach Zigeunerart umherziehenden Personen in Horden ist untersagt.«

März 1939 – Reichskriminalpolizeiamt Berlin, Betrifft »Bekämpfung der Zigeunerplage«: »Gegen Zigeuner, Zigeunermischlinge und nach Zigeunerart umherziehende Personen sind bei Anlegung eines besonders strengen Maßstabs polizeiliche Vorbeugungsmaßnahmen anzuwenden.«

17. Oktober 1939 – Reichssicherheitshauptamt, Betrifft »Zigeunererfassung«: »Auf Anordnung des Reichsführers-SS und Chefs der Deutschen Polizei wird binnen kurzem im gesamten Reichsgebiet die Zigeunerfrage im Reichsmaßstab grundsätzlich geregelt. Die Ortspolizeibehörden und die Gendarmerie sind umgehend anzuweisen, sämtlichen in ihrem Bereich befindlichen Zigeunern und Zigeunermischlingen die Auflage zu erteilen, von sofort an bis auf weiteres ihren Wohnsitz und jetzigen Aufenthalt nicht zu verlassen.«

1940 – Dr. Robert Ritter in seinem Programm zur Aussonderung von Zigeunern: »Die Zigeunerfrage kann nur gelöst werden, wenn die Mehrheit der asozialen und unnützen auch Halb-Zigeuner in großen Lagern zusammengefasst und zur Arbeit verpflichtet worden sind. Sodann müssen sie daran gehindert werden, sich fortzupflanzen. Erst dann kann das deutsche Volk und seine nachfolgenden Generationen frei sein von dieser Bürde.«

1940 – Dr. Walter Groß, Leiter des Rassenpolitischen Amtes der NSDAP: »Was hier nottut, ist zweierlei: Erstens: Die vorhandenen asozialen Individuen hart anzupacken. Das ist Aufgabe der Polizei. Zwotens: Dafür zu sorgen, dass diese vorhandenen Asozialen nicht neue erzeugen! Bekanntlich sind sie überdurchschnittlich fruchtbar gewesen von jeher. Und hier ist eine biologische Maßnahme, nicht eine polizeiliche notwendig. Hier ist Ausschaltung aus dem Erbgang erforderlich. Dafür ist aber notwendig, meine Parteigenossen, dass man den asozialen Personenkreis kennt. Und deshalb ist eine Asozialenkartei ein dringendes Erfordernis.«

Januar 1943 – Reichssicherheitshauptamt, Betrifft »Einweisung von Zigeunermischlingen, Rom-Zigeunern und balkanischen Zigeunern in ein Konzentrationslager«: »Auf Befehl des Reichsführers-SS vom 16. Dezember 1942 sind Zigeunermischlinge, Rom-Zigeuner und nicht deutschblütige Angehörige zigeunerischer Sippen balkanischer Herkunft nach bestimmten Richtlinien auszuwählen und in einer Aktion von wenigen Wochen in ein Konzentrationslager einzuweisen. Die Einweisung erfolgt ohne Rücksicht auf den Mischlingsgrad familienweise in das Konzentrationslager Auschwitz.«

1943 – Eva Justin in ihrer jetzt veröffentlichten Doktorarbeit: »Das Zigeunerproblem ist nicht mit dem Judenproblem vergleichbar. Die Zigeunerfrage ist ein Teil des Asozialenproblems. Nie kann die primitive Zigeunerart das deutsche Volk als Ganzes in irgendeiner Weise gefährden. Wenn man also diesen wenigen, von uns erzogenen und sozial angepassten Zigeunern ein Verbleiben in ihren bisherigen Verhältnissen zubilligen will, so muss man doch vom rassenhygienischen Standpunkt eine Unfruchtbarmachung dieser Menschen fordern.«

1943 – Heinrich Himmler, Reichsführer-SS: »Ich glaube, wir sind das aber uns selbst und unserem Volk schuldig. Denn wenn so viel fremde Blutstropfen in unserem Volkskörper kreisen würden, dann wäre das für uns die Herabminderung des größten Wertes, den wir haben, nämlich unseres Blutes.«

1943 – Auschwitz, Buchenwald, Kulmhof, Bergen-Belsen, Lodz, Treblinka, Sobibor, Majdanek, Chelmno, Bialystok: Die Zigeuner werden rassenbiologisch und medizinisch untersucht, die Frauen sterilisiert. In Serbien, das unter deutscher Militärverwaltung steht, wird die Zigeunerfrage »vor Ort« gelöst, wie es in einem Wehrmachtsbericht heißt: Zwölftausend Sinti und Roma werden brutal ermordet. Von rund fünfhunderttausend deutschen Zigeunern überlebt weniger als die Hälfte. Allein in

Auschwitz-Birkenau sterben dreizehntausend an Hunger und Krankheiten, an Folterungen und Menschenversuchen.

Februar 1945 – Ravensbrück: Im Konzentrationslager Ravensbrück werden alle Sinti-Kinder sterilisiert.

1945 – 1. April Bergen-Belsen: Wachmannschaften ermorden unmittelbar vor der Ankunft der Russen zweitausend Sinti.

1953 – Der Bayerische Landtag erlässt eine Landfahrerverordnung, in der wieder die Erfassung der Zigeuner vorgesehen ist.

1972 – Die US-amerikanische Regierung erklärt die Roma zu einer »farbigen Minderheit«.

2006 – Die Bundesregierung beschließt, eine Mahntafel in Berlin zu errichten zum Gedenken an alle »Kinder, Frauen und Männer, die von den Nationalsozialisten in ihrem menschenverachtenden Rassenwahn als Zigeuner in Deutschland und Europa verfolgt und ermordet wurden«. Über die Bezeichnung »Zigeuner« gab es bis zuletzt Streit unter Verbandsvertretern.